जाति हीं पूछो साधु की !

अंजन कुमार ठाकुर

ISBN 978-93-5610-285-9
© Anjan Kumar Thakur 2022
Published in India 2022 by Pencil

A brand of

One Point Six Technologies Pvt. Ltd.
123, Building J2, Shram Seva Premises,
Wadala Truck Terminal, Wadala (E)
Mumbai 400037, Maharashtra, INDIA
E connect@thepencilapp.com
W www.thepencilapp.com

Author biography

नाम - अंजन कुमार ठाकुर

पिता - स्व॰ राजेन्द्र नाथ ठाकुर

शिक्षा -

माध्यमिक कक्षा - उच्च विद्यालय कराय परसुराय नालन्दा बिहार

आइ॰एससी॰ और स्नातक विज्ञान प्रतिष्ठा - श्री चन्द उदासीन महाविद्यालय हिलसा नालन्दा बिहार (मगध विश्वविद्यालय बोध गया)

स्नातकोत्तर गणित - चन्द्रधारी मिथिला विज्ञान महाविद्यालय दरभंगा बिहार (ललित नारायण मिथिला विश्वविद्यालय दरभंगा)

शिक्षा स्नातक - केन्द्रीय शिक्षा संस्थान (Central Institute of Education , Department of Education) दिल्ली विश्वविद्यालय दिल्ली

लेखक का स्पष्ट मानना है कि लेखन अमरत्व के लिये किया गया सक्रिय प्रयास है। लेखक को ये भी विश्वास है कि अगर वर्ण व्यवस्था सहस्राब्दियों से समाज में स्वीकृत व्यवस्था है और जाति व्यवस्था जन्म के आधार पर गतिमान वर्ण व्यवस्था हो तो ये व्यवस्था इतनी बुरी कदापि नहीं हो सकती है कि कोई भी साक्षर व्यक्ति जब तब इस पर कीचड़ उछाल दे। या किसी भी बुद्धिजीवी के द्वारा सनातन का गुरुतर भार को अपने कन्धे पर उठाये लगभग भिक्षुकप्राय ब्राह्मणों को सारी कुरीतियों का दोषी साबित कर दिया जाये। नयी शिक्षा व्यवस्था में कोई विशेष दोष नहीं है परन्तु आजीविका को शिक्षा से जोड़ देने के कारण सत्ता पर सब के लिये रोजगार के अवसर जुटाने का एक असंभव सा कार्य सौंप दिया गया जो कभी पूरा हीं नहीं हो सकता है फलतः आज आपको शिक्षित बेरोजगारों की फ़ौज़ दिख सकती है जबकि अपनी शाश्वत वर्ण व्यवस्था में बेरोजगारी न्यूनतम थी और भुखमरी का संकट कम से कम था। वर्ण व्यवस्था की आलोचना के लिये तो पूरी भारतीय शिक्षा व्यवस्था लगी हुई है और पूरा शिक्षित समाज इसी वर्ण व्यवस्था से अपने लिये मलाई निकाल कर बची हुई व्यवस्था को अपशिष्ट की भाँति त्याग रहे हैं। आरक्षण लेना हो, अपनी संतानों का विवाह हो या अपने परिवार में किसी की पारलौकिक क्रियाओं का सम्पादन हो इस जाति व्यवस्था से किसी को परहेज़ नहीं है पर मलाई निकलते हीं कैसी जाति

व्यवस्था?

वर्ण व्यवस्था और जाति व्यवस्था के प्रति शिक्षित भारतीयों के अन्तर्मन से यही भाव हटाना इस लेखकीय प्रयास का मूल चिन्तन है।

प्रकाशित रचना - बस यूँ हीं! (प्रकाशक - दि पेन्सिल एप्प डॉट कॉम)

प्रकाशित आलेख - मेकिंग इण्डिया ऑनलाइन डॉट कॉम, हिन्दी मीडिया डॉट इन, क्रिएटली डॉट इन, पाथेय कण (सभी इण्टरनेट संस्करण)

CONTENTS

Epigraph

<u>समर्पण</u>

अपने पिता स्व० राजेन्द्र नाथ ठाकुर को जो मेरे जाति धर्म और ज्ञान के मूल हैं।

और

पुरुष सूक्त

को

जो वर्ण व्यवस्था और जाति व्यवस्था का आन्तरिक और मूल अस्थि विन्यास है ।

ब्राह्मणोऽस्य मुखामासीद्बाहू राजन्यः कृतः। ऊरू तदस्य यद्वैश्यः पद्भ्यां शूद्रोऽजायत॥१३॥

Foreword

प्राक्कथन

मेरा सौभाग्य रहा कि एक पूर्ण आस्तिक और धर्म भीरु परिवार में मेरा जन्म हुआ तथा सारे मित्र इतर जातियों और सम्प्रदायों से रहे। संस्कृत में रुचि रही परंतु जिस जगह मेरी शिक्षा दीक्षा हुई वह भूमि संस्कृत के बजाय गणित के लिए अधिक उपयुक्त रही। वहां पर एक ऐसे गांव में रहना हुआ जहां अपनी जाति का सिर्फ मैं ही था बाकी सारे अन्य जाति से संबद्ध थे। उस अवस्था में मुझे भारत में फैली जाति व्यवस्था की अच्छाई और बुराई दोनों से रूबरू होना पड़ा। यह भी पता चला कि जाति विहीन समाज की कल्पना करने वाले सिर्फ उस नकटे के समान हैं जो चाहता है कि जब उसकी नाक कट चुकी है तो समाज में सबकी नाक कट जाए। हम भारतीय वैचारिक रूप से दोगले रहे हैं। हम एक तरफ तो जाति विहीन समाज के मजे लेना चाहते हैं दूसरी तरफ अपनी कुलीनता का लंगोट भी कसना जानते हैं। जब प्रेम विवाह की बात आती है तो अन्य

समाज की योग्य वधू लाना चाहते हैं परंतु उसी समाज में किसी योग्य वर को अपनी पुत्री नहीं देना चाहते। जिस बात के लिए पुत्र को आजादी दे सकते हैं वही आजादी पुत्री को नहीं देते। हम पूरे समाज में नारी उत्थान चाहते हैं परन्तु सिर्फ अपनी बहन , बेटी और बीवी में वह उत्थान नहीं देखना चाहते।

मेरे विचार से धर्म और जाति भारतीय परिवेश में बकरे से ज्यादा कुछ नहीं है जिसे लोग जब चाहें, कुर्बान कर सकते हैं, बलि दे सकते हैं या मांस का व्यापार कर सकते हैं। जो भी लोग जाति व्यवस्था के विरुद्ध आगे बढ़ते हैं उसी व्यवस्था को आगे करके अपने लिए आरक्षण भी ढूंढते हैं। सदैव यही प्रश्न शास्वत रहा है कि यदि शंबुक का जिक्र दलित विमर्श है तो द्रोणाचार्य की चर्चा मनुवाद क्यों? यदि तीन तलाक पर भारतीय संविधान का हस्तक्षेप किसी की आस्था पर चोट है तो सती प्रथा का लांछन भारतीय पुनर्जागरण की दीपशिखा कैसे? भारतीय समाज में सनातन मतावलंबी पढ़ लिख कर आमतौर पर सेक्यूलर और वामपंथी बन जाते हैं। यह भी याद रहे इस सेक्यूलर का अर्थ वह कदापि नहीं है जो उस देश काल में है जिस देश में इस शब्द की उत्पत्ति हुई है। हमारे यहां सेक्यूलरिज्म सिर्फ तुष्टिकरण का एक आयाम है। एक मंदिर के निर्माण पर बंकिम भृकुटियां किसी मस्जिद या चर्च के धराशायी होने पर सजल क्यों हो जाती है? गौ मांस के लिए

तड़पते पेट को पोर्क के नाम पर नफरत क्यों होती है? आपको यह बातें धार्मिक लग सकती हैं पर मुझे यह सारी बातें जातिवादी विमर्श का ही एक हिस्सा लगती है। धर्म एक महा जाति है और इसके अंदर इसके भेद उपभेद सब मिलेंगे। जाति व्यवस्था ने भारतीय समाज को प्रोफेशनल बनाया। हर व्यक्ति को एक भूमिका सौंपी और उस भूमिका के लिए समाज ने एक मानदेय भी निर्धारित किया। यह मानदेय वेतन से बहुत ज्यादा था। इस भूमिका में समानता, प्रतिष्ठा और सामाजिक समता का समावेश भी था।

और यह वर्ण व्यवस्था कितने सदियों से चल रही थी किसी को नहीं पता क्योंकि यह छुआछूत की व्यवस्था नहीं थी बल्कि किसी वर्कप्लेस या ऑफिस की हायरार्की थी। समाज का हर सदस्य अपनी भूमिका निभाता था और बिना अपनी जमीन छोड़े अपनी आजीविका भी पाता था। परंतु एक महानुभाव के अतिरिक्त ज्ञान प्राप्ति के कारण पहले तो हिंदुओं को यह पता चला कि हिंदुओं में सती प्रथा थी और जाति व्यवस्था के अंतर्गत दीन हीन और दक्षिणा पर पेट पालता हुआ ब्राह्मण लगभग समाज के ७५% आबादी को हर वक्त सताता रहता था और शोषण करता रहता था। इसके बाद सारे भारतीयों का ज्ञान उनकी मूल भाषा संस्कृत की वजह से हीं लगभग पिछड़ा हुआ था और संभ्रांत बनने के लिए उन्हें अंग्रेजी सीखना बहुत

जरूरी था और वह अंग्रेजी जिसे PUT पुट और BUT बट के उच्चारण का फर्क क्यों होता है ये आज तक पता नहीं है।

सत्ता से नजदीकी के लिए जिन लोगों ने मुगल काल में फ़ारसी सीखी उन्हीं संभ्रांत वंश के अंशजों के लिए हीं तो अंग्रेजों ने एक नई शिक्षा व्यवस्था प्रदान की । फ़ारसी सीख कर लोग कारिंदे, हरकारे और गुमाश्ता बनते थे अब अंग्रेजी पढ़ कर वही मानसिकता क्लर्क बनने लगी। इस नई शिक्षा पद्धति में ३० साल तक अपना स्वर्णिम काल बर्बाद करके लोग यह जानने में सक्षम हो गए कि उन्हें क्या बनना है। फिर तीन-चार साल के प्रयास के बाद कुछ लोग यथोचित पद पा जाते थे और कुछ लोग उस पद को ना पाकर सामाजिक व्यवस्था को कोसने लगते थे | और ये मानने लगते हैं कि इसी व्यवस्था ने हमें सदियों से दलित , पिछड़ा और अछूत बनाए रखा है इसीलिए हम सफलता नहीं पा रहे हैं। जिस पढ़ाई / शिक्षा को सबने भविष्य का सवेरा माना वह वास्तव में वर्तमान की शाम थी। मेरे विचार से भारतीयों के मैकाले प्रणीत पुनर्जागरण से भारतीय सामाजिक व्यवस्था की शाम आ गई जो उत्तरोत्तर रात में ढलती जा रही है। हम इतने आगे निकल चुके हैं कि फिर से वही समरसता प्राप्त करना मुश्किल है परन्तु अगर हर हाथ को काम और हर मस्तिष्क को शिक्षा देना है तो उसी वर्ण व्यवस्था की तरफ लौटना होगा। हाँ यदि उसमे थोड़ी

आधुनिकता का पुट हो तो सोने पे सुहागा।

ये आलेख वर्ण व्यवस्था को आधुनिक शिक्षा शास्त्रियों द्वारा घृणास्पद रूप से परिभाषित करने की कोशिश के परिणाम पर एक हिन्दू हृदय का नीरव रुदन है, मुखर निनाद है और आर्य संस्कृति की स्वर्णिम उपलब्धियों को कबाड़ बनाने के प्रायोजित प्रयास के विरुद्ध एक जाग्रतआक्रोश है या कहें तो धर्मनिरपेक्षता के चाकू से सनातन संस्कृति के काटे जाने से निकला सनातन की अनादि अनन्त परम्परा पर लेखक की आस्था रूपी रक्त है।

एक शेर है -

मर्ग खामोशी से छिन जाता है एज़ाज़ ए सुखन

जुल्म सहने से भी ज़ालिम की मदद होती है॥

आज तक सनातन की शालीनता , शान्तिपूर्ण सहअस्तित्व और सेक्यूलरिज़्म की पालना ने दक्षिणपूर्व एशिया में उसे भारत के अतिरिक्त हर जगह अल्पसंख्यक या लुप्तप्राय बना रखा है और आने वाले दिनों में भारत के कई राज्यों में या तो सनातन अल्पसंख्यकों का धर्म रह गया है या रहने वाला है। इसी लिये विचारों का शंखनाद करें । अपना समर्थन या विरोध जतायें । मौन बस मृत्यु की आहट है शान्ति की सरसराहट नहीं॥

इसे पढ़ें, समर्थन करें या आलोचना करें पर निष्क्रिय मत रहें। प्रतिक्रिया अवश्य दें।

भवदीय

अंजन कुमार ठाकुर

ग्राम - धर्मपुर

पत्रालय - लोहना रोड

जनपद - दरभंगा

बिहार - ८४७४०७

पत्राचार के लिये -

गणित विभाग,

एल०के० सिंहानियाँ एजुकेशन सेण्टर गोटन

जे०के० हवाइट सीमेण्ट परिसर

ग्राम व पत्रालय - गोटन

जनपद - नागौर

राजस्थान - ३४२९०२

Email - anjan.kr.thakur@gmail.com

सम्पर्क सूत्र - +९१-७५९७९७८२९३

Preface

भूमिका

प्रिय पाठक,

ऋग्वेद के दशवें मण्डल के पुरुष सूक्त में वर्ण भेद का प्रथम प्रारम्भ मिलता है। प्रायशः वैयक्तिक सम्पत्ति की आर्थिक अवधारणा के सहचर के रूप में वर्ण भेद की संस्कृति का समायोजन भारतीय मनःसंस्कृति में बद्धमूल प्रतिबिम्बित होता है। पुरा से पाषाण युगाब्द तक आर्य समाज में चलाचल सम्पत्ति के वितरण की संकल्पना अनुपस्थित रही ।भू सम्पदा के व्यक्तिगत या पारिवारिक दोहन से समाज में श्रम विभाजन की आवश्यकता और उपयोगिता स्वतः स्फूर्त हुई। ईसा पूर्व १५०० ई० के बाद वर्ण विभाजन श्रम विभाजन के प्रस्तर आधार पर सम्यक रूप से संवलित एवं सशक्त होता रहा। आर्यसंस्कृति के आरम्भिक वर्षों में श्रम की श्रेष्ठता का कोई उदाहरण नहीं मिलता । उक्त विषय पर तत्कालीन

साहित्यिक भी विवेचना शून्य है अर्थात् श्रम का तब तक कोई वर्ण नहीं होता था यद्यपि कि हर विशेष श्रम (कार्य) का अपना अपना वर्ग होता था। यथा बच्चों का कार्य , युवकों का कार्य और वृद्धों की उपयोगिता समाज में अलग अलग थी। श्रम की कठिनता और श्रमशक्ति की भिन्नता के आधार पर श्रमविभाजन आधारित था। कर्म की पवित्रता या कर्तव्य-अकर्तव्य के बन्धन से कर्म मुक्त था।

सामवेद व यजुर्वेद की रचना के साथ शुचिता, शुद्धता, बौद्धिकता, यज्ञ कौशल, विधिवत अनुष्ठान इत्यादि मान्यताओं का आविर्भाव हमारी सामाजिक संचेतना में हुआ। विद्या , शिक्षा, शारीरिक स्वच्छता, पारिवेशिक शुद्धता, गायन - वादन का कौशल एवं व्यक्ति वैशेषिक व पिण्ड - ग्राम - कबीला- वर्ण सापेक्ष्य कर्म कर्तव्य का निर्धारण एतत्पश्चात् हुआ। एतत्क्रमेण अर्थ तन्त्र का क्षेत्र और उसकी परिसीमा निर्धारित हुई। तत्कालीन सामाजिक अर्थतन्त्र , भौगोलिक प्रकृति, जीविकोपार्जन के विभिन्न विभाग के अनुसार क्रिया कर्म की सीमा अंकित हुई। समयानुसार कर्म विभाजन ने वर्ण विभाजन को भारतीय सामाजिक संरचना में स्थापित कर दिया। हमारी कृषि प्रधान एवं कर्मकाण्ड प्रधान समाज ने इसे सुख पूर्वक अंगीकार भी कर लिया।

इस तरह वर्ण व्यवस्था स्थापित हुई। अगत्या अपने अपने कर्म के प्रति समर्पण , दक्षता, अनुलोम प्रतिलोम विवाह,

धर्मगत वर्जनाएँ , वृहत्तर होती अर्थ व्यवस्था, कर्म कला और कौशल के आलोक में वर्ण व्यवस्था के जाति व्यवस्था में ढलते हुए एक स्वमुखापेक्षी समाज का निर्माण हुआ । कुलिक परम्परा एवं धार्मिक मापदण्डों ने गोत्र और उपजाति की संकल्पना को वर्ण एवं जाति व्यवस्था में समाहित करने का काम जारी रखा।

एवंक्रमेण वर्ण व्यवस्था भारतीय सभ्यता के संचरण तन्त्र में समाहित हो गई। समस्त अर्थ तंत्र इसी पर आधारित था। सामाजिक समरसता में कोई कमी नहीं थी।

उत्तरकालीन समाज में राजशाही और सामन्तशाही व्यवस्था ने इसमें शोषण के बीज बोये और वर्ग संघर्ष का दौर शुरू हुआ। विकास की असमानता , शिक्षा की कमी , रोजगार के सिमटते अवसर , जागरूकता का अभाव और राजनीतिक साम्यवाद ने वर्ण व्यवस्था में कटुता उत्पन्न की।

लेखक ने वर्ण विभाजन और श्रम विभाजन का आदर्श चित्र प्रस्तुत किया है। कतिपय स्मृति साहित्य में श्रमविभाजन का जो उल्लेख मिलता है वह सर्वथा अतिशयोक्तिपूर्ण है। सत्ता संघर्ष और सामन्तवाद ने समाज में जाति संघर्ष को पैदा किया। लेखक ने अपने तर्कों से श्रमविभाजन की इन अतिशयोक्तिपूर्ण विवेचनाओं का सफलतापूर्वक खंडन किया है।

आदिम अर्थतान्त्रिक व्यवस्था से लेकर वैश्वीकरण तक एक बात अपने सान्तत्य में विराजमान है कि किसी भी राजव्यवस्था या सरकार द्वारा रोजगार का सर्जन कभी भी प्रत्यक्ष रूप से नहीं हुआ है। सरकारें अपने बजट-आबंटन , कराधान की दिशा एवं सोच, राज्य की आधारिक (इन्फ्रास्ट्राक्चरल), आर्थिक अवसंरचना के निर्माण , आवागमन के साधनों के निर्माण और रखरखाव, सेवा संस्थानों के निर्माण और रखरखाव द्वारा परोक्ष रूप से हीं जीविका एवं रोजगार के अवसरों का सर्जन करती रही हैं। किसी भी सेवा हेतु श्रमिकों का चयन किसी विशेष कौशल के आधार पर होता है। कार्यकुशलता के साथ यदि जाति को आधार रहने दिया जाये तो कार्यदक्षता एवं परिणाम दोनों में बढ़ोतरी होगी। जातिगत और पुश्तैनी अनुभव का स्वाभाविक प्रतिफल राज्य एवं समाज को मिलेगा। शैक्षणिक अर्हताओं के साथ जातिगत दक्षता को चयन का आधार बनाने से सकल परिणाम में स्वयमेव वृद्धि होगी।

उक्त विषय पर लेखक की सोदाहरण व्याख्या उनके गहन अध्ययन और तर्क शक्ति को सत्यापित करती है।

सम्पूर्ण समता मूलक समाज का निर्माण और अस्तित्व एक आदर्श मात्र है। सम्पत्ति पर व्यक्तिगत स्वामित्व की संस्कृति एवं दो व्यक्तियों के बीच उनकी कार्यकुशलता में स्वाभाविक अन्तर के कारण सभी के विकास के स्तर में विषमता होना

नितान्त स्वाभाविक है। साम्यवादी विचार एक आदर्श हो सकता है लेकिन धरातल पर इसका प्रत्यारोपण एक कल्पना हीं रहेगी। समाज में ऊँच-नीच का भेद सम्पत्ति के आधार पर तो सदैव रहेगा। जैसे वर्ण व्यवस्था में जाति भिन्नता का समावेश होता गया वैसे हीं जातियों में वर्ण भिन्नता का भाव विद्यमान है क्योंकि किसी भी जाति के अन्दर सुशिक्षित एवं धनवान व्यक्ति अपने को जातिगत मानदण्डों एवं मान्यताओं से पृथक समझते हैं। आशय यह है कि वैश्य और शूद्र वर्ण के अन्तर्गत भी हमारे समाज में ब्राह्मण वर्ण मिलता है। लेखक ने "प्रेम विवाह" में अपने विचार को प्रबलता के साथ सिद्ध किया है और ऐसा वैदिक काल से हीं होता रहा है अन्यथा अनुलोम प्रतिलोम विवाह की संकल्पना हीं नहीं होती।

अस्पृश्यता को लेखक ने सदैव त्याज्य माना है। शुचिता एवं सफ़ाई , आवरण , परिवेश , विचार एवं शैक्षिक संस्कार एक विभेदकारी सापेक्ष तत्व है। यह विभेद ग्राह्य एवं उन्नतिमूलक है। रोगाणु विषाणु से बचने एवं नैतिक व्यावहारिक क्षुद्रता से बचने को हम अस्पृश्यता नहीं मान सकते। छूआछूत (Untouchability) और सामाजिक दूरी (Social Distancing) अलग अलग चीज है। उक्त विषय पर लेखक की विवेचना सर्वथा सम्यक् और विद्वत्तापूर्ण है।

श्री ठाकुर ने पुरातन समाज की भ्रान्तियों , मिथ्या एवं अतिशयोक्तिपूर्ण अवधारणाओं और संशयपूर्ण मिथकों को

पूर्ण संयम और तर्क के साथ अमान्य सिद्ध किया है । शूद्रों के कान में पिघला हुआ शीशा डालना , वामपन्थी विचारों का व्यामोह , सती प्रथा , सिर पर मैला ढोने की प्रथा , प्राचीन दण्ड विधान इत्यादि इसके उदाहरण हैं।

आंग्ल एवं मुगल काल से अलग प्राचीन भारतीय समाज में इतिहास बोध की सर्वथा कमी थी। सैन्धव सभ्यता से दशम शताब्दी तक का इतिहास साहित्यिक ग्रन्थों , धार्मिक विवेचनाओं एवं कर्मकाण्ड की व्याख्याओं में हीं सन्निहित है। कल्हण की राजतरंगिणी से पूर्व इतिहास लेखन का औपचारिक विधान नहीं था ऐसा प्रतीत होता है। उत्तरकालीन इतिहास को भी निरपेक्ष नहीं मान सकते। राजदरबार में लिखित ग्रन्थों का अपना निश्चित उद्देश्य होता है और इतिहास की हमारी इसी बोधशून्यता का फ़ायदा अंग्रेज़ों ने उठाया और अपने रंग में हमारी वर्ण व्यवस्था एवं अन्य सामाजिक परम्पराओं को रंग दिया। सती प्रथा समाज में कभी भी सर्वमान्य परम्परा नहीं रही और छुआछूत के पीछे शुचिता हीं मानदण्ड था ना कि जातीय विभेद। इसीलिए एकाकी उदाहरणों को लेकर समस्त वर्ण व्यवस्था को लाञ्छित कर दिया गया। आर्य जीवन के सोलह संस्कारों का अनुसरण व अनुपालन अपनी अपनी जातिगत सोच, आर्थिक सामर्थ्य , अपनी धार्मिकता , संस्कारों की सामाजिक मान्यता, उपयोगिता एवं पारस्परिक विश्वास पर निर्भर था न कि किसी बलात् थोपे गये सामाजिक व्यवहार

पर। धार्मिक परिसीमन, पूजा - पाठ, और कर्तव्याकर्तव्य का विचार , वर्णों की अपनी आर्थिक एवं सामाजिक विषमता , मान्य परम्पराओं एवं पारिवारिक परिपाटियों पर आधृत था न कि किसी अनुचित वर्ण विभेद पर।

शास्त्रीय सह स्वानुभूत साक्ष्यों और वैयक्तिक तर्कों को उकेरती हुई ये किताब आपकी बौद्धिकता के लिये एक ख़ुराक होगी यह आशा है ।

सधन्यवाद

शाश्वत शिव

प्राचार्य

दिल्ली पब्लिक स्कूल

बारामूला

जम्मू कश्मीर भारत वर्ष

Acknowledgements

<u>कोटिशः आभार</u>

अब समय है कृतज्ञता ज्ञापन का तो पहले नाम लूँगा इन आलेखों के साक्षी और पहले पाठक मित्र श्री भगवती तिवारी का जो इस लेखन प्रक्रिया के लिये आक्सीजन बने रहे। अगर इस पुस्तक में टंकनगत अशुद्धियाँ कम दिखें तो श्रेय इन्हें हीं जायेगा क्योंकि इन्होंने सारे आलेखों को बारम्बार पढ़कर इसे अशुद्धिरहित करने का उबाऊ काम भी किया है। उसके बाद नाम आता है श्री मकेश्वर कोनाई ठाकुर का जो भौगोलिक दूरियों के बावज़ूद मेरे आसपास रहे और उन्होंने अपने Unique Introduction से इस पुस्तक को अलंकृत किया । आदरणीय मित्र श्री शाश्वत शिव का उनकी भूमिका लेखन के लिये कोटिशः आभार , उनका सारस्वत ऋण सदैव मेरे ऊपर रहेगा । कई ऐसे नाम हैं जो इस लेखन प्रक्रिया के दौरान उत्प्रेरक बने रहे जिनमें सर्वश्री नवीन कुमार शर्मा, डॉ० अचलदीप दुबे, निशान्त श्रीवास्तव, मनन गर्ग आदि का नाम प्रमुख रूप से

आयेगा। और एक नाम जो इस पुस्तक के हर आलेख को लिखते हुए मेरे मनो मस्तिष्क में गुंजायमान रहा वह है सर देशराज सिंह। इन आलेखों के लिये जिस कच्छपावतार की पीठ पर भाव समुद्र का मन्थन हुआ ये वही हैं। इनका सतत स्नेह हीं इस सारस्वत यात्रा में पाथेय रहा। ऊपर उल्लिखित मित्रों में से सिर्फ़ इन्हीं का दर्शन लाभ नहीं हुआ है।

Introduction

The book ' **Jaati hi pooccho saadhu ki !**(जाति हीं पूछो साधु की !) ' is a collection of ariticles based on logics , arguments and inferences. The author has successfully put forward several examples which logically prove that the caste system of Hinduism or sanatan is not a tool kit to discriminate or exploite the weaker section in the society but it is a social set up which provides readymade skilled human resource to the society and finally to the country which reduces the prossibility of unemployment among youths.

The Hindu caste system is the outcome of regorous experiments and research works of our holy sages , rishi and social thinkers who ethically provide a solution to mass management skill development and employment to the people with various talents in the society without involving the apex government.

The indian caste system is the most ancient surviving caste system in the world. The western countries too had their own caste system but they could not hold it as long as ours and a casteless community has come in existance with new challenges.

Your surname has a lot to speak about you , the caste , community, region , religion and country etc. All these come from the caste system.

Just a society without surnames is like physical quantities
without units in modern scientific society. The western
people experimented with it but failed. So they adopted the
surnames like Wood , Forest, Baker, Iceberg etc
independent from their family and professional surnames.
It means that it is difficult to live without surnames. They
ease our social resource management skills, human
management, resource management rather than
exploitations as have been projected by so called social
activists and intellectuals.
Actually it is merely a struggle for power transformation.
There were problems in the society or even nowadays
there are problems but the same system provides the
solutions too. Are the western societies problem free too ,
which are projected by us as caste free system?
We all have seen the movements " Black lives matter" in
the recent years in USA.
This book revolves around such views, ideas, and logics to
glorify our ancient heritage and social system which
I religiously believe, that will prove itself an excellent
diet for the querring minds of the readers.

With best wishes
Makeshwar Thakur Konai

Aligarh

तटस्थता की कुण्ठा

आज कल एक अजीब दुविधा ऐसे हर मनुष्य की है जो अपने मित्रों को धार्मिक परास से बाहर रख कर मित्रता , राजनैतिक सोच और अपनी निजी आस्था को कायम रखना चाहता है। मित्र उसे दीवार के बदले आईना बनाना चाहते हैं कि जब भी वे मित्र के दिल में झाँकें तो उन्हें अपना हीं चेहरा, अपना हीं विचार और अपनी हीं मान्यतायें   दिखाई दें।

मेरे सुधी पाठक गण कभी इस पर चिन्तन करें कि भारत या विश्व की किस केन्द्रीय सत्ता ने रोजगार के अवसर जुटाने का कोई उल्लेखनीय प्रयास किया है? मेरी छोटी सोच ये कहती है कि केन्द्रीय सत्ता चाहे जिस राष्ट्र की हो, रोजगार के अवसर कदापि नहीं जुटा सकती । या तो वह अपने चमचों को मलाईदार पद देकर आगे अपने लिये बटरिंग का मौका फ़राहम करेगी या प्रजातान्त्रिक सरकारों में अगले चुनाव में जीत हासिल करने के लिये भूखी जनता को अखरोट बाँटेगी।
मैं मानता हूँ कि केन्द्रीय सत्ता कभी भी आजीविका उपलब्ध

नहीं करा सकती बल्कि उसका दायित्व अपने शासित क्षेत्र में एक निडर वातावरण का निर्माण करके प्रजा या नागरिकों को अपने मनोनुकूल और समाजोपयोगी कार्य को शौकिया या पेशेवर रूप में करने का अधिकार प्रदान करना है।

हम सत्य हरिश्चन्द्र , राम के सूर्यवंशी पूर्वजों, जनक, पृथु , ययाति , गाधि , विश्वामित्र, कौरवों या पाण्डवों , मान्धाता , पुरुरवा या नहुष के पौराणिक चरित्रों को देखें या कलियुग के कुषाण वंश , शक, सातवाहन,गुप्त , मौर्य , शुंग आदि राजवंशों को देखें या फिर मुग़ल सल्तनत को , सब के सब अपने शासित राज्यों की सम्प्रभुता को अक्षुण्ण रखने का प्रयास भले करते रहे हों पर किसीके शासन काल में रोजगार निर्माण हुआ हो इसका कोई प्रमाण रोमिला थापर य इरफ़ान हबीब जैसे इतिहासकारों के पास भी नहीं है। पी॰एन॰ ओक जैसे राष्ट्रवादी इतिहासकार मुगलों की स्थापत्य कला को तर्कों के साथ खारिज़ तो करते हैं और उनके नाम पर चल रही इमारतों पर हिन्दू सत्ता द्वारा निर्मित होने की पुरजोर वकालत भी करते हैं परन्तु किसी भी शासन व्यवस्था में नागरिकों के वास्ते नौकरी के अवसर के निर्माण या किसी श्रम मन्त्रालय जैसी एक वैधानिक व्यवस्था का सत्यापन नहीं कर पाते हैं।

चाणक्य ने अपने अर्थशास्त्र में प्रजा के अर्थोपार्जन की प्रक्रिया पर राजकीय निगरानी की बात तो कही है पर रोजगार के अवसर जुटाने की किसी भी राजकीय कोशिश की ओर इशारा

नहीं किया है। दरबारियों की राज सभा में उपस्थिति को रोजगार नहीं कह सकते क्योंकि उनसे पहले राजा भर्तृहरि ने एक श्लोक में लिखा है कि - ना मैं गणिका या गवैया हूँ , ना चाटुकार ,ना भाण्ड ,ना ईष्र्यालु और ना लड़ाई झगड़े में लिप्त ... आखिर राजा के दरबार में मेरा क्या काम?

मतलब राज दरबार ऐसे हीं निठल्लोंसे भरा रहता था।

फिर आर्य चाणक्य आखिर किस चीज की निगरानी के समर्थक थे? अगर सत्ता आजीविकाके अवसर नहीं जुटा सकती थी तो फिर कैसी आजीविका और कैसी उसकी निगरानी ? क्या आचार्य असत्यभाषी थे?

आज कल जो रोजगार के अवसर की बात होती है वह सत्ता के गलियारों में अपने ज्ञान और बुद्धिमत्ता के बल पर राजदरबार में पैठ बनाना मात्र था वरना " पढ़े फ़ारसी बेचे तेल " कहावत कैसे बनती ? जब कि फ़ारसी कभी भी जन भाषा नहीं रही ... इसे तो मुग़ल काल की बस अंग्रेज़ी मान लीजिये ।

मतलब आजीविका का जुगाड़ सामाजिक संरचना में हीं था। सत्ता का काम बस इन सहज सामाजिक गतिविधियों में व्यवधान को रोकना था और किसी भी प्रकार के छल के प्रयास को रोकना था। चाणक्य ने तो गणिकाध्यक्ष पद का उल्लेख किया है जिसे आज तक भारतीय संविधान मानने से इनकार कर रहा है। क्या आप मान सकते हैं कि सत्ता इस प्रकार के

रोजगार का निर्माण कर सकती है वैधानिक रूप से? पर पेशा समाज की जरूरतों पर आधारित होता है न कि कानून या न्याय प्रक्रिया की धाराओं पर या संविधान के अनुच्छेदों पर। हमारे समाज की जाति व्यवस्था जन्म से पहले हीं नवजात की आजीविका का निर्धारण कर दिया करती थी। अब उस नवजात शिशु की मेधा उसे अगर कोई नया व्यवसाय के योग्य भी बनादे तो ये बोनस होता। विश्वामित्र ने तप को जीवन शैली बनाया और परशुराम ने क्षात्र धर्म को। अगर व्यास तपस्वी ना भी हो पाते तो अपने मातामह की नौका उनका भरण पोषण के लिये पर्याप्त थी। जाति व्यवस्थाके अनुसार हीं कर्ण के लिये एक आजीविका उपलब्ध थी पर जरूरत पड़ने पर एक गोपालक ने जब रथ के घोड़ोंकी लगाम थामी तो कैसा विप्लव हुआ ...किसी को बताने की आवश्यकता नहीं। ये जाति व्यवस्था समाज का स्वनियन्त्रित प्रोफ़ेशनल सेट अप थी जिसमें कोई भूखा नहीं रह सकता था।

अगर आजीविका जरूरत है तो सब का समाजोपयोगी होना जरूरी है। पर हमारी आयातित शिक्षा प्रणाली हमें अपने समाज के लिये पूर्णतया अनुपयोगी बना देती है। पढ़ाई हमें नौकरी के योग्य बनाने का दावा करती है । मैकाले की शिक्षा व्यवस्था ने पहले हमारे मन में अपने स्वनियन्त्रित पेशेवर व्यवस्था के प्रति घृणा उत्पन्न की फिर हमें एक क्लर्क बनाने लायक नालेज़ दिया। नागरिकों को ये आश्वासन और एक जलन भी

साथ में दे दिया इस शिक्षा ने कि पढ़ने पर कामयाबी मिलेगी और उनकी सामाजिक व्यवस्था ने उनके साथ बड़ा दुर्व्यवहार किया। एक स्किलफुल लेकिन अनएजुकेटेड दिमाग ने ये मान लिया ... और नतीज़ा सामने है... एक नाई का बेटा अपनी पुश्तैनी धंधा छोड़ कर चपरासी की नौकरी के लिये ओ०बी०सी० का जाति प्रमाण पत्र बनवा रहा है और उनके पुश्तैनी धंधे पर एक सैलून का ब्राण्ड कब्ज़ा कर चुका है। मोची समुदाय सवर्णों के अत्याचार से कुढ़ कर अ०जा० का प्रमाण पत्र बनबा कर रोजगार कार्यालय का चक्कर लगा रहा है और उनका चमड़ा से जूते बनाने का कुटीर उद्योग एक वैश्विक ब्राण्ड बनकर उन्हें उसी उद्योग में कारीगर के बदले मज़दूर की नौकरी दे रहा है। आप भंगियों को मनुवाद से मुक्ति दिला रहे हैं और उसी गंदगी का काम एक ब्राण्ड बन कर उद्योगपतियों का खजाना भर रहा है। वही भंगी सुलभ शौचालय की सफ़ाई कर उसी सफ़ाई के धंधे में मज़दूर बनकर उसी गलीज़ सामाजिक स्थितिमें आज भी है। एक अम्बेदकर , एक आइन्स्टीन , एक मार्टिन लूथर किंग , एक ओबामा , एक लक्ष्मी नारायण किन्नर ...पूरे समाज के लिये गर्व का विषय बन सकता है पर पूरे समाज को जाति व्यवस्था की शृंखला तोड़कर आजीविका नहीं दे सकता है।

सरकारी नौकरियाँ ३% हैं और उनमें कर्मचारियोंकी संख्या कम्प्यूटर का प्रयोग बढ़ाकर १०% प्रति सत्र के हिसाब से घटाई

जा रही है। १ या २ प्रतिशत का इधर उधर को मेरी मूर्खता पर कुरबान किया जा सकता है।

डिग्रियोंके आधार पर नौकरी मिलने के बाबत मुझे आप बतायें कि एक चपरासी की नौकरी के लिये दसवीं पास होने की योग्यता कहाँ तक वाञ्छित होनी चाहिये जबकि उसे अपनी पूरी सेवाअवधि में ना वर्गमूल जानने की जरूरत है ना अंग्रेज़ी में लिखी कविताओं की या शाहजहाँ के बनाये मकबरों के नामों की।

मजे की बात तो ये है कि एक स्कूल टीचर के स्नातक और परास्नातक स्तर तक की गई पढ़ाई भी गलगंड या गोइटर रोग की तरह हीं प्रतीत होती है क्योंकि अवसर का आयोडीन नमक उचित समय पर नहीं मिला।

जाति व्यवस्था कौशल (स्किल) के आधार पर व्यक्ति को समाजोपयोगी बनाता था। पुरोहित , शिक्षक , मुन्शी या नक्शानवीस, अमीन, बनिया ,तेली ,तमोली ,कुम्हार ,बढ़ई , नाई, सुनार, लोहार , लहेड़ी आदि वो जातियाँ थीं या हैं जो समाज के लोगों को अपनी सेवा से उपकृत करती हैं और उसके बदले अपनी आजीविका कमाती हैं। आज भी यही खबर हेड लाइन बन जाती है कि अमुक संगठन ने कुछ दलितों को मन्दिर का पुजारी बनाया । मतलब पुजारी होना एक

आजीविका है आपने दलितोंको बनाया ... मान गये पर समाज में उन दलितों का जो काम था क्या वह काम किसी पुजारी ब्राह्मण को आपने दिया मतलब उस सामाजिक पाइप-लाइन में जो दलितों की भूमिका थी वह तो खाली रह गई ना। और क्या वे दलित श्राद्ध करवा पायेंगे ? इस पर उस संगठन ने क्या कुछ सोचा ? नहीं ... मेरा दावा है खान से कोयला निकालने वाले कोयले का भंडार समाप्त होने पर उनमें बालू ठीक से नहीं भरते । खाली पन रह हीं जायेगा जो फिर कभी नहीं भर पायेगा और उस रिक्त स्थान में बस एक चीज़ भरेगी और वह है नफ़रत।

बस एक उदाहरण देकर ये बात खत्म करूँगा कि किसी आफ़िस का चपरासी अधिक योग्यता लेकर भी उसी आफ़िस में बड़ा अधिकारी इस लिये नहीं बन सकता है कि उसका चपरासी वाला काम कौन करेगा... इस बात पर कोई विचार भी नहीं कर पायेगा कि वह अपनी योग्यता से अधिकारी का काम सम्भाल पायेगा या नहीं... हाँ अगर वह आफ़िस हीं बदल ले तो और बात है । और यही हो रहा है ... जातिगत संरचना का बिखराव पूरी डेमोग्राफ़ी बदल रहा है ... और हम मानते हैं कि हम प्रगतिशील बन रहे हैं ... जबकि सच ये है कि ये डेमोग्राफ़िक बदलाव हमें आधार नम्बर , क्वार्टर नम्बर , फ़्लैट नम्बर या इम्प्लायी कोड में बदल रहा है।

जाति व्यवस्था तो पतंग की डोर है... जब तक डोर है पतंग

उड़ेगी ... डोर कटी तो एक शानदार उड़ान बस एक नाम पायेगी "कटी पतंग" जिसे बस कटते हीं लूटा जायेगा और फिर अनजान लोग रौंदते हुए आगे बढ़ जायेंगे।

इस कोरोना काल ने इसको साबित किया है । पटरियों पर पड़ी लाशें,पुलिस का डंडा खाते प्रवासी मज़दूर, पुलिस द्वारा सैनिटाइज़र से नहलाये जाते गरीब सब के सब इसी जाति व्यवस्था में शिक्षा और नफ़रत के आधार पर उपजे ध्वंस के कुछ चित्र हैं।

अगर आपने एक गहरा गढ्ढा खोदा और फिर वापस उसी खोदी गई मिट्टी से उसे भरने की कोशिश की तो फिर से वैसा समतल सतह पाने में दसियों साल लग जायेंगे या शायद कभी ना भर पायें।

जाति एक अनिवार्य व्यवस्था

करौली में जिन्दा जलते ब्राह्मण हों या हाथरस के दलित, दिल्ली की निर्भया हो या कठुआ की आसिफ़ा... आज की मानवता के पास ये सारी घटनाएं बस एक प्रश्न चिह्न मात्र हैं या मान लीजिये कि माथे पर पोती गई एक कालिख। क्या किसी सत्ता के पास इस जघन्य अमानवीय घटनाओं को रोकने का कोई रास्ता है चाहे वह कल की धर्मनिरपेक्ष सत्ता हो या आज की साम्प्रदायिक ?

सम्प्रभु सत्ता तो संविधान के कालीन पर अपराध , भ्रष्टाचार और असत्य रूपी मुज़रे वालियाँ हैं जो शायद इसी लिये नाच रही है ताकि मसनद लगाये पूँजीपतियों , किंग-मेकरों और सामाजिक दवाब समूहों के द्वारा किये गये अनैतिक कार्यों को कानूनी जामा पहना सके और समाज में उत्पन्न पीड़ा , असन्तोष और सच की चीख को कभी तथाकथित धर्मनिरपेक्षता या साम्प्रदायिकता रूपी घुंघरू की छम छम के नीचे दबा सके या गुम कर सकें। जानवर भ्रष्ट नहीं हैं क्योंकि ना तो वे शिक्षित हैं और ना उनमें कोई सम्प्रभु सत्ता है।

अति हिंसक या भ्रष्ट वही जानवर हैं जो इन्सानों की सोहबत में है।

अपराध को मात्र समाजिक व्यवस्था रोक सकती है। सामाजिक व्यवस्था जिसकी वकालत मनु करते हैं और अम्बेदकरवादी भी... अम्बेदकर नहीं। मनु की वकालत इस लिये है कि समाज से जुड़ा व्यक्ति उस समाज के लिये उपयोगी हो और अम्बेदकर वादियों की वकालत इस वास्ते है कि लोग आरक्षण का सहारा लेकर इस गलीज़ सामाजिक व्यवस्था से बाहर निकलें और उस समाज को भूल जायें जिसने आपको इस लायक बनाया ।

आधुनिक शिक्षा आपको अपने परिवेश के लिये अनुपयुक्त बनाती है जबकि मनुवादी व्यवस्था आपको उसी परिवेश के लिये उपयोगी।

अब चलते हैं अपराध की मीमांसा की ओर । क्या किसी गाँव देहात में आपने कफ़र्यू या हत्या या बलात्कार की घटना सुनी है ? सुन भी नहीं सकते क्योंकि गाँव अपराध , अपराधी और पीड़ित तीनों को जानता है। गाँव की पंचायतें किसी भी समस्या का निदान चुटकियों में कर सकती हैं पर सवाल है कि करती क्यों नहीं? जवाब वही है शहर से चल कर आती हवायें जो गाँव को शहर की बुराइयाँ दे जाती हैं। अन्तर्जातीय विवाह और अधूरी शिक्षा के दम पर अपनी सामाजिक स्थिति को बदलने की चाह युवाओं को अपने हीं घर में बेगाना बना देती

हैं। लेखक का मानना है कि जाति प्रथा ने कई उपद्रव किये हैं पर इन आँखों ने छुआ छूत देखा है पर भुखमरी नहीं। जाति ने सामाजिक तौर पर किसी को ऊँचा तो किसी को नीचा बनाया है पर उसकी सामाजिक उपादेयता समाप्त नहीं की है पर इस बेगैरत शिक्षा ने समानता तो प्रदान की है पर उसी समाज में हर उस समानता के हक के साथ जी रहे इन्सान को उसी समाज में अनुपयुक्त बना दिया है। गाँव के ब्राह्मण का बच्चा अपनी पुस्तैनी कर्मकाण्ड को दकियानूसी परम्परा मानकर शहर में नौकरी के लिये धक्के खारहा है और सैटेलाइट चैनलों पर लगभग एक बहुरूपिया तिलक लगाये, कभी राशिफल बाँच रहा है तो कभी अमुक नक्षत्रमें लक्ष्मी की ऊजा या सोने के खरीद पर ज्ञान बाँट रहा है। बढ़ई अपनी सामाजिक स्थिति को मनुवादी विचारों की परिणति मानकर इज़्ज़त की नौकरी के लिये शहर में कुछ भी करने को तैयार है पर उसी की जन्म भूमि पर फ़र्नीचर का एक ब्राण्डेड शोरूम खुल चुका है जहाँ शायद उसे झाड़ने बुहारने का काम करना पड़े और लोग ब्राण्डेड फ़र्निचर की ओर इस लिये मुड़ गये हैं कि गाँव में कोई बढ़ई फ़र्नीचर बनाने को तैयार नहीं। अगर पीड़ित ब्राह्मण समाज पीड़क जाति के लोगों के शादी विवाह श्राद्ध आदि का बहिष्कार कर दे, दलित परिवार पीड़क उच्च वर्ग के लोगों के लिये अपने सामाजिक कर्तव्यों को छोड़ दे... आगे बढ़कर अगर उस पीड़ित के परिवार जन उस वर्ग विशेष का पीड़क व्यक्ति

के साथ उसके अन्यान्य संबन्धियों का सामाजिक बहिष्कार कर दे तो उत्पीड़क तबका घुटनों के बल आ गिरेगा फिर चाहे वह अगड़ा हो या पिछड़ा, दलित हो या अछूत। क्योंकि आज भी भारत गाँवों मे रहता है और शादी विवाह , मुण्डन यज्ञोपवीत , दाहकर्म या श्राद्ध / अन्त्येष्टि ... संस्कृत के मंत्रों या फ़ातिहा पढ़कर हीं होता है शायद ईसाई , यहूदी , बौद्ध ,जैन, सिख आदि अपने सम्प्रदाय के यथोचित वाक्यों का पाठ करते होंगे पर आज तक नहीं सुना है कि समाजवाद का मैनिफ़ेस्टो या दास कैपिटल की लाइनें पढ़ कर ये सामाजिक औपचारिकतायें पूरी हुई हों। हर समाज में शादी और श्राद्ध दो ऐसे अनुष्ठान हैं जिनमें समाज के हर तबके का योगदान अनिवार्य होता है और अगर किसी तबके का योगदान अपेक्षित रूप से ना मिले तो गई आपकी इज़्ज़त गई पानी में । अगर आप गाँव से सम्बद्ध हैं तो यकीन मानिये आपकी इज्जत आपकी सामाजिक स्वीकार्यता में हीं निवास करती है न कि आपके ऐश्वर्य में ।

ऐसे असामाजिक तत्वों का सामाजिक बहिष्कार हीं एक मात्र निदान है , गान्धी का सविनय अवज्ञा आन्दोलन भी तो ब्रिटिश सरकार का सामाजिक बहिष्कार हीं तो था जिसकी वज़ह से अंग्रेजों को भारत छोड़ना पड़ा ... पर अफ़सोस ! ऐसा होगा नहीं कारण समाज बँटा हुआ है। किसी को यह मनुवाद की कारिस्तानी लगेगी तो किसी को दलित विमर्श का नूतन अध्याय... किसी को इसमें साप्रदायिकता की सोच दिखेगी तो

किसी को पड़ोसी मुल्क की साज़िश।

चूँकि हम पढ़ लिख कर समाज के लिये अनुपयुक्त हो गये हैं इस लिये हम समाज में सामाजिक ना रह कर , अकेली इकाई बन चुके हैं ... और आप सबको पता है अकेली टहनी कोई भी तोड़ सकता है पर टहनियों का गठ्ठर नहीं ।

परन्तु हम गठ्ठर बनकर रहना भूल चुके हैं ... हम टहनियाँ बन कर राजनैतिक चूल्हे का जलावन बन रहे हैं और खुद को हम प्रगतिशील भी मानने लगे हैं । और इसका एक मात्र कारण है कि हम विचारधाराओं की पतंग बन कर जाति व्यवस्था के धागे के टूटने को अपनी आज़ादी मानने लगे हैं जबकि डोर कटी तो मान लीजिये कि पतंग फटी।

डोर हीं टहनियों को गठ्ठर बनाती है और पतंग को परवाज़ देती है । अगर ये पीड़ितायें सचमुच गाँव में होतीं और अपनी सामाजिक वर्जनाओं का पालन कर रही होतीं तो यकीन मानिये कि शायद ये हाल ना हुआ होता पर शहर से आ रही और परोसी जा रही बुद्धिजीवियों की समानता की वकालत और सामाजिक मान्यताओं की अवमानना ने इन्हें कटी पतंग बना दिया है...

चलें एक बार जाति की डोर में बन्ध कर समाज का हिस्सा बनें ... अपनी और गैरों की अस्मिता बचायें॥

जाति हीं पूछो साधु की

आज अगर किसी से ये पूछा जाये कि सबसे प्रगतिशील विचारधारा कौन सी है तो यकीनन सब के मुँह से निकलेगा साम्यवाद और सबसे सड़ी गली विचाराधार कौन सी है तो जातिवाद या मनुवाद और सब से बड़ा सामाजिक उत्पीडन करने वाला कौन तो ब्राह्मण।

वही ब्राह्मण जो गरीब था , छूआ छूत का घोर समर्थक और प्रचारक था ,घर घर भीख मांगता था , अछूतों के सिर पर मल ढुलवाता था और तो और शूद्र के कान के आस पास हीं बेवज़ह वेद मन्त्र पढ़ता था और जैसे हीं किसी शूद्र ने सुना ... कि उसके कान में पिघला हुआ शीशा भर देता था।

आप सबको तो पता है कि जब वह छूआछूत का समर्थक था और जातिगत रूप से भीख मांगता था तो यकीनन अपने सजातीय ब्राह्मण के घर पर जाकर हीं भीख मांगता नहीं होगा क्योंकि वे सब के सब तो खुद गिरोह बनाकर भीख माँगने खुद निकल रहे होंगे। हर गाँव में आज भी क्षत्रिय नहीं मिलते हैं और

वैश्य तो व्यवसायी थे तो बिना फ़ायदे के वे तो एक हरड़ भी नहीं देते होंगे तो बच गये शूद्र जो अछूत थे । तो आखिर ब्राह्मण वैश्यों या व्यापारी वर्ग के लिये किस प्रकार फ़ायदे का सौदा थे जो वे उन्हें भीख देते थे । और एक भिखमंगा समूह किस प्रकार फ़ायदे का सौदा हो सकता था?

मतलब साफ़ है कि भीख मुख्यतया बहुसंख्यक समाज से माँगा जाता होगा और उसमें शूद्र यकीनन होंगे। याज्ञवल्क्य और विश्वामित्र द्वारा अछूतों से क्रमशः जूठे चने और किसी पशु का माँस भीख में मिलने का सन्दर्भ पौराणिक कथाओं में लेखक ने पढ़ा है और आपने भी जरूर पढ़ा होगा।

अब सिर पर मैला ढुलवाने वाले ब्राह्मण की खबर ली जाये !
एक भीख मांगने वाला समुदाय क्या ऐसा शौचालय बनवा सकता था जिससे कोई अछूत शूद्र मल उठाकर सिर पर रखकर फेंकने जा सके । मेरा मानना है कि १९०० ई० से पहले सामान्य ब्राह्मणों के लिये शौचालय मात्र शब्द कोष का एक शब्द रहा होगा क्योंकि लेखक ने नालन्दा विश्वविद्यालय का अवशेष घूम घूम कर देखा है पर कहीं भी शौचालय नहीं मिला । जब उतने प्रभुत्वशाली स्थान पर शौचालय नहीं था जब कि स्नानागार और नालियों की सुचारु व्यवस्था जरूर देखी गई तो आप मान लीजिये कि उस वक्त शौच खुले में हीं होता रहा होगा। आप भी मानेंगे कि पक्की ईंटों से बने और प्लास्टर किये फ़र्श पर से हीं मल उठाया जा सकता है और भिखमंगे

ब्राह्मणो की ये औकात तो सम्भव हीं नहीं। मतलब अगर मल किसी मानव के सिर पर ढुलवाया भी गया होगा तो मुगलों का होगा या अंग्रेज़ों, फ़्रासीसियों, डचों या पुर्तगालियों का होगा क्योंकि सन्ध्या वन्दन की पुस्तक में खुले में शौच के लिये स्थान चयन का तरीका दिया गया है पर बन्द कमरे में शौच करने के लिये किसी प्रक्रिया का उल्लेख नहीं है। और अगर होता भी तो भीख मांग कर और झोपड़ी में रह कर अपना भरण पोषण करने वाला ब्राह्मण शूद्रों द्वारा अपना मल ढुलवाने के लिये पक्का शौचालय कहाँ से बनवा सकता था?

अब शीशा भरने ली बात पर जरा विचार करें। अगर ब्राह्मण भीख मांगता था तो जाहिर हैं संख्या में कम होगा और शूद्रों के यहाँ हीं मांगता होगा कारण अगर ब्राह्मण संख्या में अधिक होते तो पूरा जनपद "भवति भिक्षाम् देहि" के शोर गुल से सुबह शाम गूँजता रहा होगा और उन्हें भीख नहीं मिल पाता होगा क्योंकि दाता कम होते होंगे और याचक ज्यादा।

अब एक कल्पना कीजिये कि ब्राह्मण भीख माँगने के क्रम में एक वेद वाक्य पढ़ रहा है और एक शूद्र ने सुन लिया।

अब ब्राह्मण क्या करेगा । धोती की गाँठ ढीली करके पिघला हुआ शीशा निकालेगा और शूद्र के कान में भर देगा। क्या संभव है? नहीं... तो दूसरी व्यवस्था सोचते हैं ...

जल्दी से ब्राह्मण घर जायेगा और पत्नी से शीशा

पिघलवायेगा फिर लोटे में उसे ले कर आयेगा और अगर वह बेवक़ूफ़ शूद्र कान में गर्म शीशा भरवाने के लिये वहीं पर बैठा हुआ मिल जाये तो कान में वह शीशा भर देगा। पर उस हालत में ब्राह्मण का घर शूद्र के बगल में होना चाहिये वरना शीशा ठंडा भी तो हो जायेगा या जम भी सकता है। और इस काम के लिये उस ब्राह्मण को उस अछूत को छूना पड़ेगा तो फिर वह कैसा अछूत जब ब्राह्मण मजे से बार बार उसे छू रहा हो।

और सबसे ज़रूरी बात रह गई कि ब्राह्मण शीशा खरीद कर क्यों रखता था जब कि वह भीख माँग कर गुज़ारा कर रहा था। और जब ब्राह्मण शीशा भर रहा होगा तब क्या उस शूद्र के परिवार जन चुप चाप शीशा भरना देख रहे होंगे जैसे बुद्धिजीवी साम्यवादी विद्वान चीन के थ्येन आन मन चौक पर अभिव्यक्ति की आज़ादी की प्राण प्रतिष्ठा देख रहे थे ?

अब उनके अत्याचार के बारे में सोचा जाये तो ये भिखमंगे ब्राह्मण कैसे अपने दाता को धमका कर रख पाते होंगे। वैश्य तो धमकाता नहीं होगा क्योंकि वही समूह तो व्यवसायियों का मुख्य ग्राहक था , भिखमंगा ब्राह्मण तो एक दो मुट्ठी अनाज मुफ़्त का हीं ले जाता होगा। तो बचे क्षत्रिय जो हर गाँव या जनपद में होते भी नहीं थे।

लेखक का मानना है कि ब्राह्मण अकेली ऐसी जाति है जो

निर्धनता को साभिमान स्वीकारती है इस को लेखक अरुण शौरी ने अपनी किताब " द सेक्यूलर एज़ेण्डा " में पूरे तर्कों के साथ रखा है। अगर समाज एक प्रोफ़ेशनल सेट अप था तो ब्राह्मण उसका केन्द्र था पर उस के लिये कोई निर्धारित रोजगार नहीं था । बाकी सभी जातियोंके लिये वर्णोचित आजीविका थी । ब्राह्मण के पास पढ़ना और पढ़ाना, दान लेना और दान देना ,यज्ञ करना और यज्ञ कराना यही तीन काम । उदर पूर्ति के लिये भिक्षाटन हीं एक मात्र रास्ता था या शिष्य यदि गुरु दक्षिणा दे दे तो। फिर भी जातकर्म संस्कार से लेकर अन्त्येष्टि तक ब्राह्मण हर वर्ण के साथ खड़ा मिलता था पर क्या ब्राह्मण के इन परिस्थितियों में किसी भी एक विप्रेतर समाज का व्यक्ति खड़ा दिखा है?

क्या किसी ब्राह्मण ने किसी धनिक व्यक्ति का परिचय अपने पूर्वजोंके रूप में दिया है जब कि विपन्न ऋषियों की संतान कहलाना उसके लिये सदैव गर्व का विषय रहा है? कौटिल्य के अर्थ शास्त्र के अनुसार दण्ड प्रक्रिया में समान अपराध के लिये सभी वर्णों में ब्राह्मण को अधिक दण्ड का प्रावधान है । समाज में सदाचारी रहने की वाध्यता सिर्फ़ ब्राह्मण के लिये हीं उसी प्रकार थी जैसे आजकल के सभी प्रकार के खाद्य-पेय उपभोक्ता अभिभावक अपने बच्चे के शिक्षक में सारे आदर्शों का समावेश देखना चाहते हैं या जैसे पोर्न देखने वाला और गुटखा चबाता दर्शक वर्ग भी सोहा, श्रद्धा और दीपिका के ड्रग

लेने से आहत है।

और एक अनावश्यक प्रमाण दे रहा हूँ कि अब तक अपराधी घोषित और दण्ड प्राप्त पाखंडी साधु सन्तों में जन्मना ब्राह्मण लगभग कोई नहीं है।

अस्पृश्यता

हर विपत्ति एक मौका है कुछ खंगालने का, जानने का, परखने और चिन्तन का और वही मौका आज मिला जब कोरोना के कारण हम सब स्वनिर्मित डिटेन्शन कैम्प में फँसे है, सान्द्र अल्कोहल से हाथ धो रहे हैं, अनाज के दौनी के समय बैल के मुँह में लगाई गई जाबी की तरह कपड़ा बान्धे हुए हैं, खुद के अलावा सभी को कोरोना ग्रस्त और अपने लिये संक्रामक मान चुके हैं, साथ ही साथ अन्य लोगों से हाथ मिलाने से भी बच रहे हैं। आजकल घर में हैण्डवाश की बोतल भी रखते हैं। पर हम सब के सब प्रगतिशील हैं, धर्मनिरपेक्ष हैं, जाति धर्म के बन्धनों को मिथ्या मानते हैं जबकि सिर ढककर मज़ारों और गुरुद्वारों में जाना अपने सेक्यूलरिज़्म की निशानी मानते है। वहीं पर सिर पर चोटी और यज्ञोपवीत जाहिलपने का सबूत है ,ये भी कहने से गुरेज़ नहीं करते हैं।

इतना होने के बाद भी मेरा यही प्रश्न है कि ये सोशल डिस्टेन्सिंग यदि ५० साल चल जाये तो हम सब छुआछूतवादी कहलायेंगे कि नहीं?

क्या हमारे सफ़ाई मित्र, दूध पहुँचानेवाले बन्धु, सब्जी विक्रेता , दर्ज़ी, प्लंबर, खाती, कुम्हार , नाई आदि आदि सहायक लोगों से जिस तरह हम दूरी बनाकर अपनी साहिबी ठसक दिखा रहे हैं और उनका लाया हुआ सामान सैनिटाइज़ करके २४ घंटे एक एकान्त स्थल पर रख कर उन सामानों के साथ आये वायरस की असंभव समाप्ति का ढोंग करते हैं... क्या ये बात उन्हे सालती नहीं होगी कि हम कोरोना ग्रस्त नहीं हैं पर ये उँचे लोग हमसे इतनी छुआछूत वाला व्यवहार क्यों कर रहे हैं? क्या ५० साल बाद हम इन सवालों का न्यायोचित उत्तर दे पायेंगे? और हमारे पोते पड़पोते तो जान भी नहीं पायेंगे कि

किस किस ने खता की थी

किस किस ने सज़ा पाई ॥

या

हमसे क्या भूल हुई जो ये सज़ा हमको मिली?

और क्यों ?

पर ये तो आप मानेंगे कि अगर कोरोना और ज्यादा दिन तक टिकता है तो इस छुआछूत का अस्तित्व रहेगा क्योंकि इसके अलावा किसी माई के लाल के पास कोई इलाज़ नहीं। जो ठीक हो रहे हैं वह उनकी दैहिक रोग प्रतिरोधक क्षमता या ईश्वर की कृपा है (और इसी वज़ह से मैं मन्दिर , मस्ज़िद , गुरुद्वारा और गिरजा घर बनाने के पक्ष में हूँ अब चाहे वह राम मन्दिर हो या आम मन्दिर)। शायद हीं आपने किसी सफ़ाईकर्मी की

कोरोनाग्रस्तता या इस वज़ह से उनकी मृत्यु की खबर सुनी हो। सारे के सारे पवित्र , स्वच्छ और सैनिटाइज़्ड रहने वाले हीं इसके शिकार हुए हैं उसी तरह जैसे डेंगू का मच्छर साफ़ पानी में पलता है।

शायद कुरान में कहीं लिखा है कि अल्लाह गरीबों को छोटी बीमारियाँ देता है जबकि अमीरों को बड़ी बड़ी । कोरोना ने इस बात को साबित कर दिया है। बाइबल भी लिखता है कि अमीरों को नरक मिलेगा और गरीबों को स्वर्ग परन्तु कौन बतायेगा कि कौन गरीब और कौन अमीर?

शायद आस्था का हीं असर है कि टीवी चैनलों पर थूक फेंकते और अपना मल मूत्र बिखेरते तबलीगी जमातियों के फोटो तो आये पर उनके मरने की खबर नहीं। कुछ हफ़्ते पहले तो एक चैनल के पास जमातियों के अलावा कोई खबर हीं नहीं थी।

इसी आलोक में एक बात दिमाग में कौंधती है कि आखिर क्या वज़ह थी कि मिस्र, मेसोपोटामिया, माया आदि सभ्यता के जीवाश्म हीं मिल रहे हैं जबकि सैन्धव सभ्यता के उतरजीवी हम आज भी जीवित है उसी आर्य संस्कृति की छाँव में। विश्व में कोई ऐसा चर्चित स्थान नहीं जो हज़ारों साल से आजतक उसी जीवन्तता और जीवट से परिपूर्ण हो। मिस्र ,ईरान , मक्का मदीना , बगदाद, दुबई, येरुशलम आदि ये सब के सब अगर आज गुलज़ार है तो पहले वहाँ इन्सान क्या कीड़े मकौड़े भी रहे होंगे या नहीं इस पर सवाल उठाया जा सकता है।

पर काशी , अयोध्या, मथुरा , राजगीर , मगध, मिथिला आदि एक सबूत है कि सत्ययुग , त्रेता और द्वापर युगों की विरासत आज भी उसी टशन के साथ अस्तित्व में है सक्रिय , जीवन्त और स्पन्दित |

क्या आपको नहीं लगता कि कभी पूरे विश्व की सभ्यता कोरोना जैसी महामारी की शिकार हुई होगी । चूँकि बाकी सभ्यताओं में इन विषाणुओं पर शोध नहीं हुए होंगे इस लिये इन सभ्यताओं के सारे नागरिक ऐसे हीं किसी मर्ज़ का शिकार होकर समाप्त हो गये होंगे और साथ साथ उस सभ्यता का भी विनाश हो गया होगा । मगर हमारी आर्य संस्कृति ने इन विषाणुओं की संक्रामकता का अनुमान लगा कर एक प्रकार की सोशल डिस्टेन्सिंग शुरू की होगी जिसने इन सभ्यता के बाशिन्दों को ना सिर्फ़ बचाया बल्कि विश्व को बचने का तरीका भी बतलाया जो आगे चल कर जातिगत भेद भाव के रूप में आज भी दिखाई देता है । यह शुचिता जिसे आजकल हम सोशल डिस्टेन्सिंग या नवविद्वानों की शैली में अस्पृश्यता मानते हैं शायद उस समय के लिये ज़रूरत बन गया हो। इसके कुछ सूत्र मुझे यूँ दिखाई देते हैं -

१. अनुलोम और प्रतिलोम विवाह चर्चित और प्रचलित था और शायद अब भी है प्रेम विवाह के थ्रिल के रूप में पर इस संक्रामक रोग ने अनजान स्थान , ग्राम या पेशे वाले घर से बहू या दामाद लाने की प्रक्रिया को संक्रामक माना होगा और अपने

पहचान के घरों से हीं शादी विवाह करना स्वीकार किया होगा जो आगे चल कर जाति व्यवस्था की नींव बनी।

२. समान पेशे के लोगों की शुचिता की व्याख्या एक रूप रही होगी और अन्य अज्ञात परिवार पर संदेह स्वाभाविक रहा होगा इसलिये छुआछूत की नींव पड़ी होगी।

३. खाने पीने के सामान के आदान प्रदान में भी परहेज़ का कारण यही रहा होगा। इसी लिये एक पेशा अख्तियार करने वालों में आपस में भोज भात होता होगा और शादी व्याह भी।

४. शायद यही बात रोटी बेटी वाले रिश्ते की जड़ में हो कारण धीवर सत्यवती मत्स्यगन्धा की एक संतान ब्राह्मण और दूसरी सन्तान क्षत्रिय थी जबकि नियोग से उत्पन्न धृतराष्ट्र और पाण्डु क्षत्रिय थे पर उसी पिता का अंश विदुर शूद्र था।

५. निषादराज और शबरी का प्रकरण भी छुआछूत विहीन भारतीय समाज का दर्पण बन सकता है ।

६. अगर छुआछूत होता तो कुब्जा, मन्थरा, सैरन्ध्री आदि की जाति के बारे में व्यास , वाल्मीकि भी मौन हैं और तुलसी भी।

७. गज़ब बात तो ये है कि प्रेमचन्द भी किसानों की जाति नहीं बता पाये हैं अपने उपन्यासों कथाओं और लेखों में ना हीं सेठों और उनके मुनीमों की।

पता नहीं ये मेरे द्वारा पढ़े गये विषयों का साइड इफ़ेक्ट है या आस्तिकता का प्रभाव कि ये दिल अब भी यही मानने को बेचैन

है कि हम ने चूँकि सामाजिक अलग-थलगीकरण को पहले जान लिया और मान लिया इसी लिये हम आर्य अभी भी उसी ठसक के साथ जीवित हैं जबकि बाकी सभ्यतायें दाँतकाटी रोटी में विश्वास रखने के कारण आज लुप्त हैं।

विवाह

यदि आप समाज में रहना चाहते हैं तो समाज की मूलभूत इकाई है परिवार और परिवार का एकमात्र स्रोत है विवाह। विवाह को सहज सुगम और सफल बनाने के लिए जाति / वर्ण एक महत्वपूर्ण कड़ी है। यह भी सच है कि कृष्ण ने कहा है - चातुर्वण्यम्म्या सृष्टम् गुण कर्म विभागशः। मनुस्मृति में भी यह बात कही गई है कि वर्ण व्यवस्था गुण और कर्म से होना चाहिए और उसी के आधार पर ब्राह्मण अपने नाम में शर्मा लगाएँ , क्षत्रिय वर्मा , वैश्य गुप्त और शूद्र दास। उन्होंने कहा है कि यह सब लोग अपने अपनाये गये कर्म के अनुसार लगाएँ परंतु यह भी कहा है कि जन्म से ही वर्ण को मान लेने पर समाज में ज्यादा सुविधा होगी अन्यथा १५ से २० वर्षों तक किसी बालक / बालिका का वर्ण निश्चित नहीं हो सकता ।

मेरे विचार से जाति एक क्यारी है जिसमें विभिन्न प्रकार के पौधे अपने शैशव काल में रखे जा सकते हैं। बड़े होने पर इन क्यारियों का कोई अस्तित्व नहीं है। हर पेड़ अपनी देखभाल

कर सकता है परंतु छोटे पौधों के लिए क्यारियां या ट्री गार्ड बहुत जरूरी है क्योंकि बाहर से आने वाली आपदाओं के कारण वे बढ़ नहीं पाएंगे।

यह बात और है कि नाचती हुई कठपुतलियां और उड़ती हुई पतंग अपने धागे को ही अपना सबसे बड़ा बंधन मानती है जबकि उनका अस्तित्व हीं उन धागों की वज़ह से है।

चलिए लौटते हैं समाज और परिवार के उसी मूल बिंदु पर हम मान लें कि एक जाति विहीन समाज की स्थापना हो चुकी है और किसी की बेटी जो विकलांग है, उसका विवाह होना है। अब मुझे सारे बुद्धिजीवी बताएँ अंतर्जातीय विवाह में वह कैसे फिट होगी ? कौन उससे शादी करेगा ? उस बेटी का बाप समाज में किस किस लड़के वाले के कदमों में झुकेगा । किसी के घर रिश्ता लेकर जाने की बात तो नया कृषि कानून जैसा बन जायेगा कि आप को एम एस पी से मुक्त किया जाता है और आप अपनी फ़सल कहीं भी लेकर जा सकते हैं... बस कहाँ ले जाएँ ये कोई नहीं बताता है।अंतर्जातीय विवाह तो "बर्ड्स ऑफ सेम फ़ीदर फ्लॉक टुगेदर" के अलावा कुछ नहीं है। एक अच्छी नौकरी पाने वाला एक निम्न जाति का युवक एक अच्छी जाति की प्रोग्रेसिव और नौकरीपेशा युवती से विवाह कर लेता है और समाज का संतुलन बिगाड़ देता है । अगर वही युवक अपने समाज में शादी करता तो उसके समाज की एक

औसत लड़की एक उन्नत परिवार का सदस्य होती और उस प्रोग्रेसिव लड़की से शादी करके हो सकता है कि उस जाति का एक सामान्य युवक भी अपने स्तर से थोड़ा ऊंचा उठ गया होता परंतु दो विभिन्न समाजों के दो अच्छे लोग मिलकर एक परिवार का आय इनकम स्टेटस तो बढ़ा रहे हैं, परंतु उनके अपने अपने समाजों के दो दोयम दरज़े के इन्सान उन समाजों में बेजोड़ और विपन्न हीं पड़े हुए हैं और रहेंगे। इस असंतुलन को जो प्रक्रिया पैदा करती है वह है अंतर्जातीय विवाह और प्रेम विवाह।

मजे की बात ये है कि उन दो गोखुर झीलों को कोई भी एक नहीं कर सकता है क्योंकि प्रेम विवाह या अन्तर्जातीय विवाह भी प्रभावशाली लोग हीं कर सकते हैं। गरीबों , वंचितों , विकलांगों आदि की शादियाँ जातियाँ हीं तय कर सकती हैं।

पढ़े लिखे जितने भी हिंदू हैं सबको जाति विहीन समाज की बड़ी आवश्यकता समझ में आती है और अपना विवाह अंतर्जातीय करना चाहते हैं पर मजे की बात है कि जिस घर से बीवी लाते हैं उसी घर में अपनी बहन की शादी के लिए तैयार नहीं होते। यह पूरी अंतरजातीय विवाह प्रक्रिया दरअसल सामाजिक असंतोष से उठी हुई एक बीमारी है जो सिर्फ वर्तमान पर जीती है । इसी के कई और भी पश्चात प्रभाव है जिनमें लिव इन रिलेशनशिप और समलिंगी विवाह भी जोड़े जा सकते हैं।

असल में ऐसे विचारों से पढ़े-लिखे युवाओं के हृदय में एक थ्रिल पैदा होती है और कहें तो सलमान खान के लैंग्वेज़ में किक। अरेंज मैरेज़ में वह थ्रिल या किक तत्व मिल नहीं पाता है। पर मजे की बात है कि वह किक ढूँढने वाला आज तक शादी नहीं कर पाया है।

दरअसल साम्यवाद या वामपंथ की असली खुराक है असंतोष और किसी भी धर्म का मूल भाव है संतोष। धर्म की बुराई करना वामपंथियों के लिए इसीलिए जरूरी है क्योंकि अगर व्यक्ति संतुष्ट हो गया तो फिर उनकी दाल नहीं गल पायेगी। इसी क्रम में समान जाति में विवाह के प्रति आक्रोश विषमलिंगी विवाह तक पर असन्तोष के बादल घिरवाये गये । इण्टरनेट पर पोर्न सामग्री देखने के अधिकार से लेकर समलिंगी विवाह तक को मान्यता दिलवाने की कोशिश हुई है और उनकी कोशिश सफल भी है।

ये सच है कि हर सिस्टम में कोई न कोई खामी होती है परंतु खामियों को हटाने के बदले सिस्टम को खत्म करना उचित कदम नहीं माना जा सकता है। पुराने सिस्टम के खात्मे के बाद एक नया सिस्टम देना पड़ेगा वर्ना टूटी हुई व्यवस्था के कारण उपजे हुए खालीपन में अव्यवस्था के कीटाणु और वायरस बस जाएंगे और वही हो रहा है। कोर्ट में होने वाली शादियों के वकील आमतौर पर तलाक के भी एक्सपर्ट होते हैं ।

अगर आपको याद हो तो गोविंदा की एक फिल्म में वह आपने

असिस्टेंट को बताता है कि जानते हो तलाक की सबसे बड़ी वजह क्या है और जवाब देता है शादी। और इसी शादी के कारण समाज में स्थापित शांति को भग्न करने का एक बुद्धिजीवी और वामपंथी प्रयास है अंतर्जातीय विवाह जो आमतौर पर सफल नहीं है परन्तु इसकी चाहत युवाओं में बेवजह असंतोष पैदा करता है।

इसे पहचानें और अपनी परंपराओं की तरफ लौटें। मेरा यह मत कदापि नहीं है कि पति पत्नी को नहीं पीटता है या पत्नी पति का मानसिक शोषण नहीं कर रही है। दोनों घटनाएं हो रही है । दोनों के लिए अग्नि पुराण और पराशर संहिता में लिखा गया है ....

नष्टे मृते प्रव्रजिते क्लीवे च पतिते पतौ

पंचश्वापत्सु नारीषु पतिरन्यो विधीयते।।

इसका अर्थ यह है कि पति के खो जाने , मर जाने , संन्यास ले लेने , नपुंसक होने और पतित या जातिच्युत हो जाने पर अर्थात् इन पाँच आपातकालीन परिस्थितियों में उस स्त्री की दूसरी शादी की जा सकती है ताकि उसे कोई अन्य पति मिल जाये॥

इतनी स्पष्ट व्याख्या किसी भी मत के ग्रन्थों में नहीं है।

जाति विवाह के लिए भी अनुलोम और प्रतिलोम विवाह की सनातन परंपरा रही है पर उसके लिए उस विवाह को मान्यता

देने और उस विजातीय विवाह के परिणाम से उत्पन्न शिशुओं के जाति/ वर्ण निर्धारण करने के लिए ऋषियों की उपस्थिति जरूरी है।

मैं इस्लाम और ईसाइयत को इस मामले में धन्यवाद देता हूं कि उन्होंने मौलवी / काजी या पादरी के रूप में सर्वमान्य चरित्र बनाए हैं जो शादी विवाह, तलाक और सामान्य मतभेद, वैमनस्य और झगड़े का निपटारा करते हैं परंतु हमारे शिक्षित सनातनी को उनकी शिक्षा ने सबसे पहले ब्राह्मणों से नफरत करना सिखाया । यह ब्राह्मण आज लोहार, सुनार ,बढ़ाई और कुम्हार आदि की तरह सेवा प्रदाता बनकर रह गया है। उसके ऋषि होने की संभावना क्षीणतम है।

और जब तक आप एक कोई सर्वमान्य व्यक्ति तो नहीं बना पाते जो ऋषि की भूमिका निवाहे तब तक इस अनुलोम प्रतिलोम विवाह की कुहेलिका को पार नहीं कर सकते ।

अब प्रश्न यह है कि क्या ऋषि के लिए यूपीएससी/मेडिकल / ईंजीनियरिंग की तरह परीक्षाएं करवाई जायें? क्या हर समाज के लिए ऐसे ऋषि उपलब्ध करवाना संभव है?

आप देख चुके हैं इतने डॉक्टर हर साल बन रहे हैं पर सब के सब शहरों में ही चिपके हुए हैं। गांव में कोई नहीं आता पर आबादी तो है । जब मरीजों को हर जगह एक वैधानिक परंपरा से बनाये गये डाक्टर नहीं उपलब्ध हो पा रहे हैं और तमाम जिंदगियाँ झोलाछाप डॉक्टरों के हाथों बचाई जा रही हैं तो

सोचिये कि अगर ऋषि बना भी दिए गए तो क्या वे समाज के हर तबके के लिए उपलब्ध होंगे या फिर समाज को झोलाछाप ऋषियों से ही मुलाकात होगी। और इस प्रक्रिया का एक ही उपाय था कि जातिगत रूप से समाज में योग्य व्यक्ति का चयन हो जाता जो ऋषि की संज्ञा पाता और हर गांव में हर समाज में ऋषि का चयन हो जाता जो इन अन्तर्जातीय विवाहों को मान्यता देते और उससे उत्पन्न संततियों को वर्णसंकरता से मुक्ति । ऐसी परम्परा बौद्धों , जैनो , सिखों या आर्यसमाज में देखी जा सकती है। हिन्दू समाज के श्रमजीवी समुदाय में विधवा स्त्री के पुनर्विवाह की अवधारणा है और उस विवाह से उत्पन्न सन्तति को बाकायदा पिता का नाम मिलता है। हो सकता है कि ब्राह्मण इसमें सर्वाधिक उपयुक्त होते | अगर विश्वास ना हो तो ध्यान दें एक सबसे पुरानी पार्टी का महासचिव आज भी जन्मना ब्राह्मण हीं है भले कर्मणा नहीं हो और वह पार्टी बुद्धिजीवियों की पार्टी कहलाती है और वामपन्थी भी इसका समर्थन करते हैं |

चयनित व्यथा और प्रायोजित विलाप

हाथरस दहक रहा है। अजमेर (१९९२), दिल्ली (२०१२) , - मुम्बई (२०१३), रानाघाट प० बंगाल (२०१५), उन्नाव और कठुआ (२०१८) आदि घटनायें भारत में यौन अपराध की बढ़ोतरी की कहानियाँ बयाँ करने के लिये काफ़ी हैं। इण्डिया टुडे २०१४ में यह लिख चुका है कि प्रति दिन ९२ स्त्रियाँ बलात्कार का शिकार हो रही हैं। चूँकि बलात्कार को मात्र स्त्रियों से जोड़ कर देखा जाता है इस लिये पुरुषों और बच्चोंके साथ हुए दुर्व्यवहार पर अपराधों के अधिकृत गणक , गणिका बने हुए हैं। इन दुर्व्यवहारों में हजारों लाखों गणिकाओं के साथ हो रहे प्रति दिन नारी सम्मान को स्थान नहीं दिया गया है कारण सरकार , राष्ट्रवादी और वामपन्थी विचारकों के रिकार्ड में तो वेश्यायें होती हीं नहीं हैं और देह व्यापार भारत में अवैध है पर वहीं पर ये बताने के लिये ना कांग्रेसी , भाजपाई ,कम्यूनिस्ट , समाजवादी या अन्य राजनैतिक धड़ा तैय्यार है कि अब भी दिल्ली के सार्वजनिक शौचालयों के पास निरोध प्रक्षेपक मशीनें (Condom vending machines) क्यों लगी हैं| हालाँकि

आज कल एक भी काम नहीं करती है (सिर्फ़ जीवाश्म सरीखे डब्बे लटकते दिख जायेंगे) पर लेखक को विश्वास है कि एशियाई और कामन वेल्थ गेम्स के दौरान ये मशीनें अवश्य कार्यरत रही होंगी। एड्स के संक्रमण काल के काल खंड में एक विज्ञापन काफी चला करता था जिसमें अकेले टूअर पर निकलते एक प्रोफ़ेशनल को एक शुभेच्छु कंडोम थमाते हुए कहता है कि सफ़र में इसकी ज़रूरत पड़ेगी और आगे एड्स फैलने के कारणों में असुरक्षित यौन संबन्ध का ज़िक्र विज्ञापन में रहा करता था।

रेड लाइट एरिया में कुचली जाती हुई कलियाँ क्या बलात्कार का शिकार नहीं हैं? पर बंगाल में बेताल पचीसी पूरा कर चुके वामपन्थ को सोनागाछी के बारे में किसी ने नहीं बताया क्या या घास से सत्ता तक पहुँची नारी को किसी ने इस नारी सम्मान के बारे में नहीं बताया ? मुज़रा तो नवाबी शान है लखनऊ और बनारस की बदनाम गलियों में कई हाथरस उबल रहे होंगे पर किसी की नज़र उधर जाये कैसे । शिव का नाम खुद में जोड़े हुए एक दल शासित राज्य में कमाठीपुरा पर उस दल का या सांस्कृतिक पैरोकारों का गुस्सा क्यों नहीं उबलता है?

जैसे भ्रष्टाचार चोर चोर मौसेरे भाइयों के बीच कुर्सी अदला बदली के गेम पासिंग द पार्सल का पैकेट है जिसके अन्दर की सामग्री से कोई भी खिलाड़ी प्रभावित या आशान्वित नहीं रहता है उसी प्रकार रेप भी सिस्टम पर विमर्श करने वालों , मीडिया ,

राजनैतिक व तथाकथित सामाजिक विश्लेषण कर्ताओं के लिये च्यूईंग गम है जिसे इच्छानुसार जब तक चाहे चबाया जा सकता है और बाद में थूक दिया जाता है एक टिश्यू पेपर में लपेट कर डस्टबिन में फेंकने के लिये। जूली , इन्साफ़ का तराजू , दामिनी , लज्जा , बवंडर , फ़ायर , अर्थ (1947 -Earth) , डर्टी पालिटिक्स , आस्था आदि फिल्में स्वैच्छिक या बलात् बनाये गये यौन संबन्धों की नींव पर बनी अट्टालिकायें हीं तो हैं।

ईंट के भट्टे , चाय के बागान, मुम्बई के बार गर्ल वाले मदिरालय ... रेव पार्टियाँ सब के सब अनैतिक यौन सम्बन्धों की मुफ़ीद ठिकाने हीं तो हैं वरना वैधानिक यौन तुष्टि के लिये विवाहित युवा तो खानदानी दवाखानाओं के चक्कर लगा लगा कर नपुंसक हुए जा रहे हैं।

जबतक अपनी बहन या बेटी इस दुर्घटना का शिकार ना हो भारतीय बुद्धिजीवी इस घटना को मोम की नाक बनाये रख सकता है ...मतलब अपने फ़ायदे के लिये किसी तरफ मोड़े जाने लायक।

सत्ता भी इस घटना का बस इस्तेमाल करती है।

कभी एक नर्स की दिल्लगी राजस्थान में राजनीति के शेर को भीगी बिल्ली बना चुकी है।

पर एक बात इन सब में एक समान है कि इन सारी जगहों पर सामाजिक ताना बाना ध्वस्त हो चुका है, शहरी अन्दाज़ सबको

पागल बना चुका है और एक जाति विहीन सभ्यता कायम हो चुकी है। और जाति नहीं तो समाज नहीं। समाज नहीं तो मर्यादा नहीं। मर्यादा नहीं तो कुछ नहीं। जहाँ भी जाति का वर्चश्व है वहाँ एक दो बदनाम घर या लोग हो सकते हैं पर एक व्यवस्थित सामूहिक देह व्यापार नहीं चल सकता।

जाति, वर्ण और समाज अंगूर के गुच्छे के समान हैं जब तक अंगूर गुच्छे से जुड़ा है उसकी कीमत माकूल है और गुच्छे से टूटे हुए अंगूरों की हालत तो आप जानते हीं हैं।

सत्ता का क्या है, उसे तो सेलेक्टिव रहना है... खुद को कायम रखने के लिये।

वर्ण व्यवस्था और आजीविका

एक शिक्षक मित्र ने अपने एक इण्टरव्यू का ज़िक्र किया था जिसमें उन्होंने बताया था कि प्रश्न पत्र में कुछ कार्टून बने थे और उस पर आधारित सवाल के जवाब देने थे। एक कार्टून का ज़िक्र कुछ यूँ याद आ रहा है कि एक बच्चा कह रहा है कि " मेरे स्कूल में एक अंकल आये थे और उन्होंने मुझे फ़लाँ पोस्ट के लिये सेलेक्ट कर लिया जिसका उन्होंने बाकायदा उचित एक्सप्लेनेशन करते हुए जवाब दिया था । उनके ज़वाब का पूरा ज़िक्र तो नहीं कर पाऊँगा पर उन्होंने ये कहा अब एक ट्रेण्ड चलने वाला है कि बच्चों की प्रारम्भिक प्रतिभा को जाँच कर उन्हें भविष्य के प्रोफ़ेशन के लिये सेलेक्ट किया जाएगा । ... अब इस घटना की पड़ताल करें।

कितना बेहतरीन मंज़र होगा कि बच्चे को स्कूल जाते हीं पता होगा हो कि उसे क्या करना है? मेडिकल प्रोफ़ेशन में जाने वाला भला संस्कृत और नागरिकशास्त्र पढ़ने की मुसीबत क्यों पाले और नृत्य को अपना कैरियर बनाने वाला फिजिक्स और केमिस्ट्री के तिलिस्म में क्यों उलझे? अगर पंडिताई करनी हो

तो संस्कृत के अलावा बाकी विषय की ज़रूरत क्या जैसे मस्ज़िद का मौलवी बनने के लिये मदरसे में कुरान को समझ लिया काफ़ी है... पादरी का काम करना है तो बाइबिल पढ़ने लायक भाषा ज्ञान चाहिये। अगर तबला बजा कर हीं ज़िन्दगी बितानी है तो १६ से आगे की गिनती की ज़रूरत हीं क्या और अपना कसाईखाना खोलना हो तो बस गला काटने का हुनर चाहिये और क्या ?

मामला तब अटकेगा अगर आपने टीचर बनने की सोची .... क्योंकि पढ़ाने के लिये सब कुछ इसीलिये पढ़ना ज़रूरी होगा कि आखिर ये तो पता चले कि पढ़ाना क्या है। खैर ये तो दिल्लगी की बात थी।

चलिये ,आगे बढ़ते हैं।

पर क्या ये संभव है?

बिलकुल नहीं... क्योंकि ऐसी पारखी नज़र वाले लोग पैदा कहाँ से होंगे? इस पारखी नज़र वाले छात्र को बनाने के लिये शिक्षक कैसे होंगे... मतलब बात सही और माकूल है कि एम०बीए० करके कोई रतन टाटा नहीं बन सकता और स्टीव जॉब्स बनने के लिये एम०सी०ए० या बी०टेक० होना ज़रूरी नहीं। हिन्दी से एम०ए० में पढ़ने के दौरान कवि जयशंकर प्रसाद की कामायनी पढ़ना जरूरी हो सकता है पर जयशंकर प्रसाद बनने के लिये एम०ए० करना ज़रुरी नहीं। पर शिक्षा व्यवस्था को आप चाहे लाख दुत्कारें पर आप के पास ऐसी कोई कला नहीं जिससे आप

रतन टाटा, स्टीव जॉब्स या जयशंकर प्रसाद बना लें । तो आखिर ये हीरे बनते कैसे हैं?

आप गौर करें तो पायेंगे कि इन लोगों ने कभी किसी के जैसा बनने का प्रयास नहीं किया ये अपने बचपन से लेकर जवानी तक हर पल रतन टाटा, स्टीव जॉब्स, शेक्सपीयर, मुहम्मद अली, पेले, सचिन या जयशंकर प्रसाद हीं बनते रहे ।

शिक्षा व्यवस्था तो पहले आपको ग्रैजुएट बनाती है फिर आपको सोचना है कि क्या बनना है। ये इम्पोज़्ड एजुकेशन सिस्टम आपकी ज़िन्दगी के २० साल निगल कर सिर्फ़ ये सिखाती है कि पढ़ते कैसे हैं ... लिखते कैसे हैं फिर आप को ये सोचना है कि बनना क्या है? फिर कम्पिटीशन का दौर ... आरक्षण के सहारे या बेसहारे लक्ष्य पाने का जुनून और वो जुनून भी म्यूजिकल चेयर गेम जैसा कि शुरू में १०-२० लोगों को लेकर शुरू होने वाली प्रतियोगिता आखिर में सिर्फ़ एक विजेता बनाती है और वह भी लक बाय चान्स... मतलब बाकी हारे हुए खिलाड़ी बस कव्वाली में तालियाँ बजाने के लिये महफ़िल में जलवा अफ़रोज़ होते हैं। और ये भी कि म्यूजिकल चेयर गेम खेलने के लिये म्यूजिक जानना भी जरूरी नहीं।

तो फिर ये चमत्कार होते कैसे हैं ?

ज़वाब है विरासत को सहेज़ने से। और विरासत सहेज़ने की एक मात्र राह है धर्म और जाति प्रथा । लेखक के विचार से समाज और जाति व्यवस्था हीं एक मात्र ऐसा स्कूल है जो

अनिवार्य रूप से आपको समाजोपयोगी कार्य के लिये बचपन से हीं तैयार करता है। ब्राह्मण जन्म से हीं संस्कृत की शिक्षा अनायास विरासत में पाता है और क्षत्रिय को शौर्य विरासत में मिलती है । वैश्य और शुद्र की कोटि में श्रमजीवी ,व्यवसायी, शिल्पी और शिक्षक भी आते हैं। जब भी आप अपनी सेवा देकर अपनी आजीविका हेतु धन अर्जित करते हैं तो आप शूद्र हैं ... वन में जाकर दुनियाँदारी से दूर ध्यान मग्न और ईश चिन्तन लीन ब्राह्मणेतर भी विप्र है पर डाक्टर , इंजीनियर , वकील , शिक्षक , प्राध्यापक, शिल्पी , किसान आदि ये सभी शूद्र हैं कारण ये सब अपनी श्रमशक्ति से आजीविका उपार्जन करते हैं। क्रय विक्रय करके धन अर्जित करने वाले सभी उद्योगपति , पूँजी पति , व्यापारी आदि वैश्य हैं जबकि ब्राह्मण और क्षत्रिय तो लेखक के विचार से आज कल लुप्तप्राय हैं। जाति व्यवस्था जन्म से हीं मानव को अपने मूल परिवेश में रहकर समाजोपयोगी शिक्षा दे देती है। जबकि औपचारिक शिक्षा आपको अपने समाज के लिये अनुपयुक्त बना देती है और इस रास्ते अगर आप सफल हैं तो बेघर जरूर होंगे।

जाति व्यवस्था ऊँच नीच और छूआ छूत को बढ़ावा देती है ये सच है पर बेरोजगारी को पनपने नही देती । शिक्षा के माध्यम से प्राप्त आपका असामाजिक चरित्र आपको अपने समाज से दूर ले जाता है और उस नये समाज में आपको शूद्र हीं बनाता है आप भेद भाव के शिकार होते हैं और व्यावहारिक छूआ छूत के

भी। बस अपने मूल समाज में आपकी नाक ऊँची रह जाती है पर विदेश में आप चाण्डाल के घर पर राजा हरिश्चन्द्र की तरह कफ़न बटोरते हीं तो रह जाते हैं । यकीन ना आये तो मुम्बई , सूरत , दिल्ली , कोलकाता में पिटते बिहार वासियों पर नज़र दौड़ाइये या फ़िजी और आस्ट्रेलिया में पिटते भारतीयों की शक्लें याद करें।

प्रेम विवाह एक विवेचना

आजकल के प्रखर हिंदुत्व वादियों को जाति प्रथा से बड़ी समस्या है और इस जाति प्रथा से उन्हें सिर्फ विवाह और माता पिता की आज्ञा से होने वाले सजातीय विवाह के कारण आपत्ति है। उन्हें अपनी मर्जी की देखी भाली पत्नी चाहिए। इसके लिए जाति के बंधन को तोड़ना उनको हिंदुत्व का सबसे बड़ा सुधार करने योग्य अवगुण लगता है। उन्हें लगता है कि इस दोष का दूर होना बहुत जरूरी है ।

एक बात और यह प्रेम विवाह का समर्थन तभी तक करते हैं जब इनको खुद अपने पसंद की सुंदरी, मादक , माडर्न और उन्मत्त पत्नी चाहिए। यही मार्ग अगर उनकी बहन या उनकी विधवा माता अपने लिए चयन करें तो फिर उनके सम्मान को बड़ी ठेस पहुंचती है और उनका " हाउ डेयर यू " का भाव जागृत हो जाता है।

समस्या यह है कि इस प्रकार के अंतर्जातीय प्रेम विवाह से रिच आर गेटिंग रिचर एंड पुअर आर गेटिंग पुअरर। बात बड़ी

अजीब लग रही है ना?

कभी अपनी अविवाहिता बहन या घर के किसी वरिष्ठ युवा पति विहीना विधवा महिला संबंधी के इस निर्णय के बारे में सोचिए । आप सोचिए कि आपके घर की एक युवा विधवा आपके ही घर में काम कर रहे एक अधेड़ नौकर के साथ विवाह करने को तैयार हो जाए , (जाति तो बंधन है हीं नहीं) तो फिर क्या आप मान जाएंगे?

इस महिला संबंधी को अपनी बेटी , बहन, भतीजी ,बुआ , मौसी , नानी , दादी, ताई, चाची या माता के क्रम तक ले जाइए और फिर इसी अंतर्जातीय प्रेम विवाह और जाति विहीन हिंदुत्व के बारे में एक बार फिर से सोचिए यकीन मानिए अगर आप में वैचारिक दोगलापन नहीं है तो आप इतने शर्मिंदा होंगे कि इन पंक्तियों के लेखक से दो-दो हाथ करने को उतारू हो जाएंगे कि हाउ डेयर यू से लाइक दिस।

दरअसल प्रेम विवाह अमीरी का एक शगल है। एक आर्थिक रूप से आत्मनिर्भर युवा अपनी ही विचारधारा की या उसी हैसियत की अन्य जाति की खूबसूरत युवती से विवाह करना चाहता है। अब ध्यान दीजिए इसके दो नुकसान हैं ..... उस युवक के जाति की एक कुंवारी लड़की एक योग्य पति से वंचित रह जाएगीऔर प्रेमिका के समाज का या जाति का एक युवक

एक अच्छी पत्नी (अपने समाज से हीं) पाने से महरूम रह जाएगा।

दो लोगों की निजी कामुकता ने समाज में दो रिक्त स्थान पैदा किए जिसका कोई भरपाई नहीं है ...जिसका कोई उपाय नहीं है ....जिसे भरा नहीं जा सकता ।

एक बात रह गयी कि इन विवाहों में हमेशा सुघड़ और आकर्षक देह यष्टि की बालक बालिकाएं हीं चयनित होती रही हैं । किसी विकलांग को एक विकलांग ही ढूंढना पड़ेगा जैसे अंधे को अंधा, काने को काना, लंगड़े को लंगड़ा, बहरे को बहरा इत्यादि ......मैंने आज तक नहीं सुना है किसी योग्य युवक ने प्रेम के वशीभूत होकर एक गरीब अंधी बालिका से प्रेम विवाह किया हो और वह भी अन्य जाति की ।लेखक ने तो ये बात अभी तक नहीं सुनी है अगर आपने सुनी हो तो जरूर लिखें , सब का ज्ञान बढ़ेगा ।

तो अगर दो सुंदर स्वस्थ और सुदर्शन शरीर वाले और दो भिन्न-भिन्न जातियों के प्रेमी युगल जो आर्थिक रूप से भी संपन्न है एक हो गए तो क्या रिच आर गेटिंग रिचर एंड पुअर आर गेटिंग पूअरर नहीं हुआ?

यह प्रेम विवाह संपन्नता का एक पहाड़ तो बनाता है पर दो बड़े गड्ढे छोड़ जाता है जिसको भरना उन दोनों परिवारों के बूते की बात नहीं होती है। आज का भारतीय कानून भी नहीं बता सकता कि अंतर्जातीय विवाह के उत्पाद को किस जाति में

रखें।

रामविलास पासवान और ब्राह्मण की बेटी की संतान चिराग पासवान को अनुसूचित जाति में रखें या सामान्य कोटि में , कोई बता नहीं सकता।

परन्तु धर्म तो इसका हल जानता है पर यह तो ब्राह्मणवाद या फिर मनुवाद है ।

ईसाइयों और मुसलमानों में पहले आपको ईसाई या मुसलमान बनाया जाता है और नहीं भी बने हैं तो संतानों के लिए ईसाई या मुसलमान होने का हक जायज करार कर दिया जाता है।

यही बात हिंदुओं में भी होनी चाहिए।

अगर आप अंतर्जातीय विवाह करते हैं तो आपकी संतान की जाति क्या होगी, पिता की या माता की ; यह बात आजकल प्रगतिवादी हिंदुओं को समझाना बड़ा मुश्किल है क्योंकि यह सवाल उन्हें "मनुवाद रिटन्र्स" जैसा समझ में आता है। मजे की बात यह है कि अगर अनुसूचित जाति का युवक सामान्य कोटि की युवती से प्रेम विवाह करें तो उसका पुत्र आरक्षण का हकदार होगा या नहीं या सामान्य कोटि का युवक अनुसूचित जाति की युवती से प्रेम करें तो उसके संतान को आरक्षण मिलेगा या नहीं इस पर भारतीय बुद्धिजीवियों की बुद्धि काम नहीं करती है।

मैं मानता हूं कि जातियां अनिवार्य हैं ।जाति दरअसल समाज में आपको समाजोपयोगी बनाती है ।

इसके अनुसार आप बचपन से ही समाज के काम आ सकते हैं वरना आजकल की स्थिति तो यह है की 25 साल तक कॉलेज की शिक्षा आपके स्वर्णिम युवावस्था को निगल कर यह बताती है कि आप अमुक अमुक अमुक टाइप की नौकरी के लायक हैं और इसके लिए आपको और पढ़ना पड़ेगा और प्रतियोगिता परीक्षाओं में अपनी श्रेष्ठता साबित करनी होगी ।

तब जाकर एक दो सालों की प्रोफेशनल ट्रेनिंग के बाद आप लाखों में से एक चयनित होकर एक खास नौकरी कर पाएंगे, वह भी अपने समाज से अपने मोहल्ले से दूर अपने माता पिता को छोड़कर या अधिक मातृ पितृ भक्त हैं तो अपने माता पिता को उनके समाज से दूर ले जाकर एक कंक्रीट के पिंजरे में बंद करके रखेंगे क्योंकि आपको सरकारी आवास मिलेगा या नियोक्ता का दिया हुआ आवास मिलेगा (यदि आप निजी क्षेत्र में है तो) और वहां आपके माता पिता अपनों के वगैर वैसे ही जिएंगे जैसे सर्कस के शेर और बाकी जानवर जीते हैं।

बात अटपटी लग सकती है लेकिन मेरा मानना है कि जाति व्यवस्था आपको जन्म के साथ ही समाजोपयोगी बनाती है । जब तक आप युवा होते हैं अपने उस पैतृक व्यवसाय या ज्ञान

के धुरंधर बन जाते हैं और आजीविका की तलाश नहीं करते हैं बल्कि अपने समाज में रहकर अपनी उपादेयता सिद्ध करते हैं ।

परन्तु प्रेम विवाह जो दरअसल आधुनिक शिक्षा का ही एक बायप्रोडक्ट है समाज को और उसके प्रोफेशनल सेटअप को छिन्न-भिन्न कर देता है, आपके कुल की मर्यादा को तार-तार कर देता है और आपको बेसहारा और असामाजिक जीवन जीने के लिए विवश कर देता है।

अगर प्रेम विवाह को मान्यता देनी है तो सनातन समाज को ऋषि परंपरा को जीवित करना होगा जिसके अनुसार एक ऋषि पद को मान्यता देनी होगी और उस पर चुना गया व्यक्ति अंतर्जातीय विवाह से उत्पन्न संतान को उसकी जाति निर्धारण करवाएगा और समाज को एक भूमिका युक्त मानव उपलब्ध करवाएगा।

परन्तु आज के प्रगतिवादी परिवेश में प्रेम विवाह मात्र अपने लिए मनपसंद लड़की पसंद करने का एक माध्यम है बाकी सब मोह माया है।

मलभक्षी पाश्चात्य संस्कृति

भारतीय बुद्धिजीवी ये मानते हैं कि भारत के अतिरिक्त कहीं भी जाति व्यवस्था नहीं है इसी लिये उनकी प्रगति इतनी बेहतर इसीलिये है परन्तु इस लेख में अभारतीय संस्कृति के एक और पहलू के बारे में आपको अवगत करवाया जा रहा है। भारतीय संडास दरअसल खुले में शौच का हीं एक सुधरा हुआ रूप है जिसमें मल विसर्जन प्रक्रिया में बैठने की स्थिति से देह प्राक्षालन प्रक्रिया तक लगभग समान होता है , बस विसर्जित मल एक गड्ढे में जमा होता जाता है और उस गड्ढे के भर जाने पर फिर से कहीं और गड्ढा खोद कर वही संडास बनाया जा सकता है और गड्ढे में भरा हुआ मल कुछ हीं दिनों में पुनः मिट्टी तब्दील हो जाता है। प्रदूषण या दुर्गन्ध का कोई मुद्दा हीं नहीं था।

परन्तु पाश्चात्य संस्कृति में मल विसर्जक कमोड के बनने से पहले ये लोग कैसे फ़ारिग या फ़्रैश होते होंगे ये मेरे लिये ज़रूर कौतूहल का विषय है क्योंकि ये सब यदि पंजों के बल बैठ कर मल विसर्जन करते तो लगभग भारतीय संडास की हीं अगली

कड़ी मिलती परन्तु घुटनों को एल शेप में मोड़ कर वगैर कुर्सी के कुर्सीनुमा बैठ कर यदि पाश्चात्य परम्परा में कोई मानव मल विसर्जन करता है तो जरूर उस मल को ये लोग संरक्षित करते होंगे और कोई अन्य उपयोग में लाते होंगे जैसे हम भारतीय गाय भैसों के गोबर से उपले बनाते हैं , घर-आंगन लीपते हैं या उसे उठाकर कृषि योग्य भूमि में डालते हैं ताकि भूमि उपजाऊ हो जाये।

अब मेरा आरोप पाश्चात्य जगत के लोगों पर मलभक्षी होने का है इसके साक्ष्य में मैं आपको कॉफ़ी की कुछ उम्दा प्रकारों का जिक्र करूँगा जिसे कैट सिवेट कॉफ़ी, एनिमल पू काफ़ी , ब्लैक आइवरी कॉफ़ी और मंकी पू कॉफ़ी या मंकी स्पिटेड कॉफ़ी कहते हैं।

कैट सिवेट एक बिल्ली नुमा जीव है जिसे कॉफी बीन्स खिलाये जाते हैं पर ये बीन्स वो बेचारा जीव पचा नहीं पाता है और उसके विसर्जित मल से ये काफ़ी बीन्स निकाल लिये जाते हैं । इस बिल्ली के शरीर में बने एंजाइमों से उन बीन्स में कुछ अद्वितीय स्वर्गीय फ़्लेवर आ जाता है और उसका रेट आप इंटरनेट पर देख सकते हैं। यही हाल ब्लैक आइवरी काफ़ी के लिये होता है जिसमें हाथी को ये काफ़ी बीन्स खिलाये जाते हैं और फिर उनके मल या लीद से ये काफ़ी बीन्स चुने जाते हैं और काफ़ी बनाई जाती है प्रोसेसिंग के बाद। अनपचे होने पर भी हाथियों के पेट में बने एंजाइम इन कॉफ़ी बीन्स में अनोखी

सुरभि भर देते हैं।

अब बात करते हैं मंकी पू काफ़ी या मंकी स्पिटेड काफ़ी का। बन्दरों को भी काफ़ी बीन्स खाने का मौका दिया जाता है या जबरन खिलाया जाता है । कुछ बीन्स को बन्दर खा कर थूक देते हैं या उनके मल से भी ये काफ़ी बीन्स चुने जाते होंगे और उन काफ़ी बीन्स को प्रोसेस करके काफ़ी बनाई जाती है और दुनियाँ को एक बेहतरीन काफ़ी का फ़्लेवर मिलता है।

आपकी जानकारी को पुख्ता बनाने के लिये इन्टरनेट उपलब्ध है... गूगल कर के देख सकते हैं ।

अब मेरा आरोप ...

भिन्न भिन्न प्रकार के जीवों के मलों से काफ़ी का बेहतरीन फ़्लेवर पा लेना या ढूँढ लेना ये जरूर बताता है कि ये पाश्चात्य संस्कृति मल भक्षण करती रही है तभी तो भिन्न भिन्न प्रकार के जीवों के मल का स्वाद और गंध ये जानते हैं। प्राचीन रोम में मानव मूत्र का सैनिटाइज़र/ डिसैन्फ़ैक्टैन्ट के रूप में प्रयोग किया जाता था। जब कि भारतीय बुद्धिजीवी गो मूत्र के औषधीय प्रयोग को सनातनियों के लिये एक गाली के रूप में देखते हैं।

इनके मल विसर्जन का कमोड भी मल संग्राहक उपादान जैसा दीखता है और मेरा यकीन है कि जिस भी जीव ने मल विसर्जन काफी ऊँचाई से किया है मानव जाति लगभग उन का मल संग्रह कर लेती है। मनुष्यों का खुले में शौच कभी भी मल को

संग्रहणीय होने की संभावना व्यक्त नहीं करता है परन्तु पाश्चात्य कमोड की बनावट और प्रयोग की विधि पाश्चात्य संस्कृति में मानव मल के संग्रह और उपयोग (भक्षण) की परम्परा की ओर इंगित तो करती हीं है।

स्वमल प्रयोग में सिद्ध हस्त होने के बाद हीं अन्य पशुओं के मल से चुने गये काफ़ी बीन्स का उत्तम स्वाद का पता इस संस्कृति को चला होगा , ये मेरा अनुमान है।

जातिवादी विमर्श - सिर्फ़ वामपन्थ की खुराक

जब भी आप मंदिर के निर्माण की , सनातन धर्म के किसी प्रतिमान की या भारतीय संस्कृति के सम्मान की बात करेंगे तो यह बात भारत के बुद्धिजीवी वर्ग का प्रतिनिधित्व करने वाले लोग (जो स्वयं को साम्यवादी कहलाना अधिक पसंद करते हैं) आपके सामने सदैव मंदिरों के बदले कल कारखाने , आजीविका , स्कूल कॉलेज, हॉस्टल , शौचालय आदि बनाने का मुद्दा उठा देंगे। परंतु यही सवाल यदि ब्राजील में बनने वाले ईसा मसीह के विशालतम मूर्ति की हो या किसी मस्जिद को पुस्तकालय या सार्वजनिक सुविधागार बनाने की बात चले तो युधिष्ठिर वाला मौन धारण कर लेंगे। गैर सनातनी मुद्दों पर वामपंथी जुबान सिल जाती है। इन मुद्दों में आजीविका का मुद्दा सबसे बड़ा है , गरीबी हटाने का मुद्दा सबसे बड़ा है और इंसानों के भूखे रहने का मुद्दा सबसे बड़ा है। मेरा भी यही मानना है कि भूख , आजीविका और गरीबी इन तीन मुद्दों पर मूर्तियों , आराधना स्थलों जैसे मंदिर मस्जिद या धार्मिक कर्मकांडों से पहले ध्यान देना चाहिए और इस पर उचित

कार्यवाही करनी चाहिए।

सवाल उठता है कार्रवाई करेगा कौन?

अगर सरकार मतलब सत्ता तो सत्ता क्यों करेगी क्योंकि प्रजातंत्र में चार या पांच साल बाद कुर्सी छिन जानी है और राजतंत्र में कुर्सी जाने का डर नहीं तो फिर गरीबों पर ध्यान दे कौन , भुखमरी को मिटाए कौन और हर हाथ के लिए रोजगार ढूंढे कौन?

और ये बातें इतनी बुनियादी दिखती हैं कि साम्यवादी विचारक कॉलेज जाने वाले युवाओं को अपने इसी मायावी जाल में लपेट लेते हैं जिसका कोई हल इनके दादा जी के पास भी नहीं होता है।

इनके परदादा कार्ल मार्क्स साहब ने भी लेबर नाम से कोई किताब नहीं लिखी , दास कैपिटल लिखा जिसका अर्थ है पूंजी। अब आप यह बताएं कि नारा तो दिया दुनिया के मजदूरों एक हो पर किताब का नाम पूंजी तात्पर्य कि रामस्वरूप ने चोरी की परिणामस्वरूप पकड़ा गया।

वामपंथ ने स्थापित उद्योगों को मजदूरों के शोषण के नाम पर हड़ताल के चक्रव्यूह में ऐसा फँसाया कि हर पूंजीपति ने उस उद्योग को बंद करने में ही भलाई समझी और मजदूर थोड़ा और गरीब हो गया।

मैकाले की शिक्षा नीति ने समाज में यह बताया जाति , धर्म

और वर्ण व्यवस्था , यह सब एक खास सत्ता वर्ग का थोपा गया सामाजिक लांछन है जो दलितों, वंचितों, अछूतों , शूद्रों , गरीबों और मजदूरों को एक खास तरह की आजीविका में ही लपेटे रखना चाहती है और इस मायाजाल में पूरा का पूरा युवा वर्ग और मजदूर व कामगार वर्ग पूरी तरह फंसा हुआ है।

वामपंथियों को ऑक्सीजन पूंजीवादियों के शोषण से मिलती है और इसके लिए वे मजदूरों की धमनियों को स्ट्रॉ की तरह यूज करते हैं और पूंजीपतियों की नीतियों को मजदूरों के लिए दमनकारी बताकर अपना उल्लू सीधा करते हैं।

अगर आप बिहार का खासकर मिथिलांचल का इतिहास देखेंगे तो दरभंगा के महाराज ने काफी उद्योग लगा रखे थे परंतु वामपंथियों के कुचक्र से और मजदूर यूनियनों की हड़ताल से आज सारे मिथिलावासी अपनी जमीन छोड़कर भारत के बाकी हिस्सों में मजदूर बने बैठे हैं।

दरअसल भारत की वर्ण व्यवस्था व्यक्ति को समाज के लिए उपयोगी बनाती है और उसी गुणवत्ता के कारण हर हाथ को रोजगार और हर पेट को रोटी मुहैया कराने का अवसर भी प्रदान करती है परंतु पाश्चात्य शिक्षा पद्धति ने ब्राह्मणों के वर्चस्व समाप्त किया और हर वर्ण का हर प्रकार की आजीविका पर अधिकार स्थापित भी किया परंतु शिक्षा पद्धति ने प्रत्येक व्यक्ति को अपने पारंपरिक ज्ञान को घृणित, अपमानजनक   और पुराणपंथी होने का की

गलतफहमी भी डाल दी ।

इसका असर यह हुआ कि हर किसी को अपने पारंपरिक रोजगार के साधन बेकार और दूसरे के रोजगार के साधन बेहतर और सम्मानजनक दिखने लगा। परिणामस्वरूप इन कामों में अन्य समाज के लोग अपनी पैठ बनाने लगे। एक फेसबुक पोस्ट में ही लिखा था कि एक नामचीन शहर में सोने के मार्केट पर मुस्लिमों का कब्जा हो गया है और नाइयो के पुश्तैनी हेयर कटिंग का व्यवसाय एक फ्रेंचाइजी का चेन बन चुका है।

अपनी पढ़ाई के दंभ में हमारे सनातनी अपने जिस जिस पुश्तैनी व्यवसाय को छोड़ रहे हैं अन्य धर्म वाले खास करके भारतीय राजनीतिक अल्पसंख्यक वर्ग इस पर कब्जा जमा रहा है।

वामपंथ जिस असंतोष को पूंजीवाद के विरोध भड़का कर श्रम को गौरव देना चाहता है उस श्रम का खरीदार पूंजीवादियों को छोड़कर कौन है?

तो अगर पाश्चात्य संस्कृति में धर्म , वर्ण और जाति विहीन समाज में अगर हर हाथ को रोजगार देने की चाहत ये वामपंथी विचारक रखते हैं तो मान लीजिए कि ये गरीबों को और गरीब और बाद में उन्हें नक्सलवादी बना कर ही छोड़ेंगे क्योंकि अगर शिक्षा के माध्यम से रोजगार पाना है तो आप को रोजगार सिर्फ पूंजीवाद देगा जिस का विरोध करके यह वामपंथी अपना

अपनी रोटी सेक रहे हैं।

अगर समतामूलक समाज में हर हाथ को रोजगार हर व्यक्ति को आगे बढ़ने का अवसर और हर भूखे पेट को रोटी देने की अनिवार्य रूप से कोशिश करने की चाहत आपके मन में है तो भले ही परिवर्तित रूप से सही परंतु भारत की पुरातन वर्ण व्यवस्था पर ही आपको लौटना पड़ेगा जिसमें हर समुदाय के लिए एक अघोषित आरक्षण था। जैसे ब्राह्मण हल की मूठ नहीं पकड़ता था, तलवार नहीं उठाता था और तराजू भी नहीं पकड़ता था यानी ब्राह्मण के लिए पठन-पाठन के अलावा कोई और व्यवसाय यदि था तो वह था भिक्षाटन।

क्षत्रिय के लिए शौर्य पूर्ण कार्य थे जिसमें सत्ता को सहयोग, सत्ता का नेतृत्व और सत्ता की सुरक्षा प्रमुख थे। कृषि या वाणिज्य के अवसर क्षत्रियों के लिए प्रतिष्ठा योग्य नहीं थे।

वैसे वैश्य वर्ग के पास जहां स्वरोजगार और स्वनियोजन के रूप में कृषि, उद्योग धंधे और वाणिज्य व्यवसाय थे वहीं समाज के चौथे और सबसे बड़े श्रमजीवी वर्ग के पास सर्विस सेक्टर था।

आज के निजी क्षेत्र में पठन-पाठन में लगा हुआ व्यक्ति ब्राह्मण नहीं है, सिक्योरिटी एजेंसी में नियुक्त गनर क्षत्रिय नहीं है और मॉल में काउंटर पर ग्राहकों को सामान बेच रहा व्यक्ति वैश्य नहीं है।

यह सब के सब सर्विस सेक्टर में काम कर रहे शूद्र हैं और

शायद इन्हीं के लिए बाबा तुलसी कह गए हैं ये सब ताड़न के अधिकारी। मतलब इन सब को ताड़ते रहिए यानी इन पर निगरानी रखें इनसे आपकी निगाहें हटीं और यह कामचोर हुए।।

यही तो है शुद्र की पहचान। पर यह सबसे बड़ा आजीविका लेने वाला समूह है।

अगर आज भी काम चाहिए अगर आपको आज आजीविका चाहिए तो लौटना पड़ेगा उसी वर्ण व्यवस्था के थोड़े परिमार्जित रूप में।

कभी वामपंथ की विफलता का वट वृक्ष देखना हो तो सिंगूर घूम कर आइए।

यूँ तों वामपंथ को मंदिरों , मूर्तियों और शोशेबाजी से नफरत है परंतु मूर्ति यदि लेनिन की स्टालिन की या कार्ल मार्क्स की बन जाए तो कोई एतराज नहीं। उस मूर्ति में लगे हुए पीतल तांबे या काँसे को बेचकर किसी गरीब के घर बनाने की बात यह वामपंथी भी खुद नहीं मानते।

लेनिन की लाश सहेजने में जितना खर्चा लग रहा है उतने में कई गरीब बच्चों का इलाज हो सकता है पर इसके लिए वामपंथियों को कोई सलाह नहीं चाहिए और वे सुनेंगे भी नहीं।

इसी विचारधारा के विचारकों के अनुसार भारत को अरुणाचल प्रदेश चीन को दे देना चाहिए परंतु यही लोग अरुणाचल प्रदेश से लगी सीमा पर चीन द्वारा बसाए जा रहे गांव के लिए भारत

सरकार को कोसने में सबसे आगे रहते हैं। तिब्बत में चीनियों की दयालुता के कृतित्व पर वामपंथियों को कभी असहिष्णुता नहीं दिखती।

रोहिंग्या मुसलमानों की दुर्दशा पर बरसती आंखों को वुहान में तड़पते उईगर मुसलमानों की चिंता क्यों नहीं सताती ? आप सब जान जाएंगे अगर कभी आपने कोशिश की यह जानने की कि हिंदुत्व से वामपंथियों को इतनी चिढ़ बस इसीलिए है क्योंकि हर हाथ को रोजगार बस जाति व्यवस्था या वर्ण व्यवस्था ही दे सकती है।

और अगर सनातन अपने इस लक्ष्य में सफल हो गया तो साम्यवाद का तिलिस्म टूट जाएगा।

दरअसल लाल को भगवा होने का डर सता रहा है।

आत्ममुग्ध सनातनियों का लुप्तप्राय इतिहास बोध।

अजंता एलोरा की गुफाएं हो, भारत के विशाल मंदिर या वेद ,उपनिषद, ब्राह्मण और आरण्यक जैसे अपौरुषेय ग्रंथ, सब के सब शिल्पियों/रचनाकारों/लेखकों के नाम से रहित हैं आखिर क्यों?

कारण यह कि हो सकता है कि भारतीय आर्ष परंपरा यह बताती है कि अपनी प्रशंसा करना आत्महत्या तुल्य है इसीलिए चाहे कैसे भी आविष्कार हो , कितनी बड़ी घोषणाएं हो, बड़े बड़े दार्शनिक तथ्य हों , बड़ी-बड़ी मूर्तियां हो , विज्ञान के सिद्धान्त हो , इतिहास के साक्ष्य हो या साहित्य और अलंकार की बातें हो , इन सब के स्रोत या सर्जक पुरुष या स्त्री के नाम कहीं नहीं मिलेंगे। अपना नाम अपनी कृति पर खुद लिखना एक पाप कर्म समझा जाता था और यही कारण है कि हमारे रामायण और महाभारत जैसे महान ग्रंथ की घटनाएं आधुनिक इतिहासकारों के द्वारा ईसा पूर्व ४ से ५ हजार सालों में समेट दी जाती है वो भी उनके द्वारा जिनकी संस्कृति में ना

किसी को तब धोना आता था या पोंछना।

आधुनिक इतिहासकारों की हर अवधारणा को ध्वस्त करने के लिए तिब्बत से प्राप्त वह कल्प विग्रह की मूर्ति ही काफी है जिसकी कार्बन डेटिंग के अनुसार आयु २८०००० साल बताई जाती है । परंतु कहा यह जाता है कि यह मूर्ति जिसे एक लामा ने सीआईए को दिया था ताकि वह चीन के चंगुल से बच सकें । अभी वह अमेरिका के कब्जे से भी गायब हो गई या कर दी गई । अगर इस मूर्ति की प्रमाणिकता साबित हो जाती तो इतिहासकारों का पुरापाषाण काल , मध्य पाषाण काल ,नवपाषाण काल और धातु काल की सारी की सारी अवधारणाएं धरी की धरी रह जातीं। और जब इन सब के साथ अपने छद्म इतिहास बोध को भी बचाना था इसीलिए हो सकता है कि जानबूझकर वह प्रतिमा गायब कर दी गई हो।

अपने अतीत के प्रति हद से ज्यादा गौरवानुभूति ने भारतीयों को आत्ममुग्ध कर दिया है ... ये आगे की पंक्तियों में और स्पष्ट हो जायेगा।

अगर हम ध्यान दें तो हमारे सारे आक्रांताओं ने अधिक से अधिक २०० से ३०० साल तक शासन किया परंतु सब ने कुछ ना कुछ इतिहास जैसा लिख दिया। जो बाबर अपने बीवी बच्चों के साथ एक हिंदू राजा के निजी दुश्मनी को निपटाने के नाम पर भारत आया था उसने भी सिर्फ 4 साल के शासन में बाबरनामा लिख दिया या लिखवा दिया।

इतिहासकार लिखते हैं कि हुमायूं भी एक लाइब्रेरी की सीढ़ियों से फिसल कर गिर मरा। कैसी लाइब्रेरी रही होगी? उस समय संस्कृत के ग्रंथ तो रखे नहीं गए होंगे तो जरा सोचिये अरबी फारसी के इतने किताब उस ने जमा कैसे किए अपने 30 साल के संघर्षपूर्ण जीवन में जिसके लिए लाइब्रेरी बनानी पड़ी और यह भी कि १५५६ ई० में ४८ साल की उम्र में वह मरा उस वक्त हुँमायू नामा लिख या लिखबा चुका था। १५२६ में १८ वर्ष की उम्र में बाप बाबर के साथ आया और ३० साल की उथल पुथल भरी ज़िन्दगी में भी एक इतिहासनुमा किताब लिख गया।

क्या गज़ब नहीं लगता है कि १८ साल की कमसिनी में शाहज़ादा हुँमायू इतना पढ़ गया था कि दौड़ते भागते भी एक किताब लिख गया। अकबर का कहना ही क्या जिस के चरित्र के आधार पर एक इतिहासकार ने अशोक और युधिष्ठिर का भी चरित्र चित्रण मान लिया। अनपढ़ अकबर ने तो अपनी विरुदावली लेखन के लिये नवरत्नों की फ़ौज़ जमा कर रखी थी। तुजुके जहाँगीरी , आलमगीर नामा , आईन ए अकबरी, अकबरनामा, पादशाहनामा, शाहजहाँनामा आदि कई किताबें हैं जो आज इतिहास बोध की सीढ़ियां बन चुकी हैं । भारतीय इतिहास के अध्ययन के लिए अगर कल्हण की राजतरंगिणी को छोड़ दिया जाए तो आजतक किसी भी सनातनी ने अपना इतिहास नहीं लिखा।

लगता है कि ज्ञान की अधिकता ने सनातनियों को कुछ ज्यादा ही आत्ममुग्ध कर दिया और इसलिए वे ऐसी गलती कर गए जिसका खामियाजा सनातन मतावलम्बी आज तक भुगतते रहे हैं और आगे भी सनातनियों की नस्लें भुगतती रहेंगी।

अतीत से सीख लेने के लिये पूर्व की घटनाओं पर प्रेरक कथा सरीखा इतिहास लिखा भी तो उसे भी समय आदि के अनुसार काल खंड में ना बाँट कर एक तरह का फ़ैंटम या चाचा चौधरी सिरीज हीं बनाई। हड़प्पा मोहन जो दाड़ों के काल खंड में या गुप्त, सातवाहन, मौर्य आदि के सत्ता काल में मूर्तियों या सिक्कों पर कुछ गोदा गया जो इतिसास के लिये साक्ष्य तो है पर पुस्तक नहीं और सिन्धुघाटी की लिपि को तो आज तक अबूझ हीं छोड़ा गया है जब कि साफ़टवेयर इंडस्ट्री के हम बेताज़ बादशाह हैं? आखिर क्यों? आखिर क्यों हम अपने अतीत की भाषा को डिकोड नहीं कर पा रहे हैं तो कारण अगली पंक्तियों में...

ध्यान दें की अंग्रेजों ने भी आने के साथ हीं हमारी शिक्षा व्यवस्था तहस-नहस कर दिया, सामाजिक संतुलन को पूरी तरह बिगाड़ डाला और एक नई शिक्षा पद्धति ले आए। उन्होंने भी कुछ ऐसे इतिहास लिखे जिससे यह साबित हो सके कि अगर अंग्रेज ना आते तो हम सब साँप के आगे बीन बजाते

रहते।

क्योंकि उन सबको पता था कि जब भी इतिहास की बात आएगी तो इतिहास की तरह लिखी गई किताबें ही उद्धृत की जाएंगी। पुराणों में लिखी बातें ऐतिहासिक तथ्य नहीं माने जाएंगे। यकीन मानिए कि आज भी कद्दावर अधिकारी अपने सहायक को हिंदी में नहीं डाँटता है और अंग्रेजी में ही शट अप कहता है क्योंकि दूसरे के हाथों से लिखी हुई पर्चियाँ हमें शिलालेख जैसी दिखाई देती है। गेटे कहेगा कि कालिदस भारत के शेक्सपियर थे तो हम गर्वान्वित होते हैं जबकि होना ये चाहिये था कि हम कहते कि शेक्सपियर अपने देश के भिखारी ठाकुर थे, अंग्रेज़ गौरवान्वित होते।

अंग्रेजों ने मैक्स मूलर जैसे कई तथाकथित विद्वानों को काम पर लगा कर भारतीयों में अपनी संस्कृति के प्रति हीन भावना पैदा कर दिया जिसके कारण आज एक ईसाई अपने धर्म पर गर्व करता है, एक इस्लाम समर्थक पूरी तरह अकीदतमन्द होता है और हिंदू धर्म से निकले छोटे-छोटे बच्चे जैसे बौद्ध, जैन , सिख और यहां तक कि आज हमारी हीं सीमित आध्यात्मिक ग्रंथों के बदौलत खड़ा आर्यसमाजी भी अपने संक्षिप्त आर्यतत्व पर बड़ा गर्व करते हैं परंतु हम हिंदू अपने अतीत पर आज भी शर्मिंदा है। कारण है कि हमारा इतिहास बोध का मृत होना।

यही कारण है कि कई रामनवमियों पर घोषित

सरकारी अवकाश में मौज़ मना कर न्यायालय के जजों ने राम के काल्पनिक होने की बहस सुनी।

जब २८००० ईसवी पूर्व की निर्मित कांसे की प्रतिमा मिल सकती है तो भारतीयों की कल्पना कुछ हजार सालों पहले की कैसे हो सकती है परंतु अगर इतिहास पढ़ना है तो किसी को लिखना पड़ेगा और जब तक लिखा नहीं जाता है तब तक जो भी लिखा हुआ है उसी को पढ़ना पड़ेगा। किसी भी शासक का चाहे वह मुस्लिम हो, मंगोल हो , अंग्रेज हो , फ्रांसीसी हो या डच हो इनमें किसी एक व्यक्ति का शासन काल 20 साल से ज्यादा नहीं रहा लेकिन उसी कालखंड में उस शासक ने एक डायरी नुमा इतिहास लिखा या लिखवाया ।

और आप भी जानते हैं कि जब भी इतिहास पढ़ने की बात आएगी तो जो लिखा होगा वही तो पढ़ेंगे और आज हम सब वही पढ़ रहे हैं तो हमारा एक खंडित इतिहास बोध मन में उपज रहा है जो हिंदुत्व को कमतर मानता है। शायद यही कारण है कि आज नामचीन विद्यालयों में सरस्वती पूजा एक स्पेशल असेंबली बनकर रह गई है और क्रिसमस एक महापर्व बन गया है।

कुछ लोगों की आपत्ति हो सकती है कि इतिहास को किसी भी तरीके से लिखा जाए क्या फर्क पड़ता है इतिहास तो इतिहास है भूतकाल को बदला नहीं जा सकता परंतु सोचें कि अगर सिर्फ

शेरों ने इतिहास लिखा तो बकरों का इतिहास बस फूल गोभी वाला इतिहास होगा और अगर बकरों ने इतिहास लिखा तो शेर मात्र आक्रांता माने जाएंगे पर आपको पता है पर्यावरण में शेर भी जरूरी है और बकरे भी और दोनों शास्वत रहेंगे भी। किसी एक के दृष्टिकोण से लिखा इतिहास तटस्थ नहीं हो सकता और तटस्थ होकर कोई लिख भी नहीं सकता लेकिन यदि दो अलग-अलग समूहों के द्वारा इतिहास लिखा जाए तो उस में से पक्षपात की बू हटाई जा सकती है। कभी मौका मिले तो आप पाकिस्तान के इतिहास को पढ़ कर देखें जो पाकिस्तान में पढ़ाया जा रहा है। उसमें जरूर लिखा मिलेगा कि जिन्ना ने इस्लाम को बचाने के लिए जिहाद किया और गांधी ने उनका साथ दिया इसीलिए काफिरों ने गांधी को हलाक कर दिया और काफिरों ने अपने लिए एक बड़ा सा हिस्सा इस्लाम से छीन लिया।परन्तु क्या यह बात सही है ?

और अगर यह ना लिखा जाए तो पाकिस्तान का इतिहास क्या होगा? वहाँ के इतिहास के शिक्षक आखिर क्या पढ़ाते? क्योंकि पाकिस्तान का तो कोई इतिहास है हीं नहीं। वह इतिहास तो भारत के ज़ख्म पर से बहता मवाद है। परन्तु एक देश के रूप में उन्होंने अपना इतिहास लिखा। हर संस्कृति हर सभ्यता का अपना इतिहास होना चाहिए तथा इतिहास लिखा जाना चाहिए । पक्षपात या तटस्थता की बातें आने वाली पीढ़ियों पर छोड़ देनी चाहिए।

हालिया घटनाओं में राम जन्म भूमि पर बने मंदिर की नींव में टाइम कैप्सूल के अंदर विवरण डालने के प्रयास की बात चर्चा में आई (ये प्रचारित है पर ट्रस्ट के एक माननीय सदस्य ने इस बात का खंडन किया है) या अभी हाल में भेजे गए अंतरिक्ष यान में प्रधानमंत्री का चित्र या एसडी कार्ड पर लिखी हुई भगवद्‌गीता डाली गई तो ये एहसास हुआ कि हां, हिंदू ने अपना इतिहासबोध जगाया है और आगे से इतिहास लेखन में सनातन हिंदुत्व का स्पष्ट, तटस्थ और वास्तविक स्पर्श जरूर रहेगा, यह आशा है।

संस्कृत और हमारी संस्कृति

विक्रम बेताल को अपने कंधे पर लाद कर् जा रहा है कि तभी बेताल रास्ते के वीरान सफर को आसान बनाने के लिये एक कहानी सुनाने लगता है। कहानी कुछ यूँ है कि एक व्यक्ति ने मछली बेचने की दूकान खोली और इसके लिये एक साइन बोर्ड बनवाया। उस साइन बोर्ड पर अंग्रेज़ी में बड़े अक्षरों में लिखवाया गया कि FRESH FISHES ARE SOLD HERE. समस्या ये हुई कि उस मुहल्ले में कतिपय बुद्धिजीवी भी रहते थे। बस फिर क्या था कई राय देने वाले आ गये। एक ने कहा ये साइन बोर्ड में HERE शब्द लिखना बेकार है। उस दूकानदार ने पूछा कि क्यों तो जवाब मिला कि जब तुम्हारी दूकान कोई दूसरी शाखा हीं नहीं तो HERE शब्द बेकार है। दूकानदार तर्क से मुतासिर हुआ और तुरन्त HERE हटा दिया गया। अब बोर्ड पर लिखा था सिर्फ़ FRESH FISHES ARE SOLD । अब एक नये भाई साहेब आ गये उन्होंने कहा कि शब्द ARE SOLD बेकार है। दूकानदार फिर अचम्भे में कि ये क्यों? भाईसाहेब बोले कि क्या तुम मुफ़्त में मछली दे सकते हो किसी को ....

जवाब था नहीं । तो सलाह मिली कि जब मुफ़्त में मछली देना हीं नहीं है तो इस ARE SOLD की ज़रूरत हीं नहीं... दूकान है तो माल बेचा हीं जायेगा। अब बचा सिर्फ़ FRESH FISHES । अब बारी थी अगले रायचन्द की कि शब्द FRESH बेवज़ह लिखा हुआ है। इसे हटाना ज़रूरी है । वज़ह ये कि कोई भी बासी मछलियाँ नहीं बेचता इसलिये FRESH लिखने से ये शक बढ़ेगा कि कहीं ताज़ा कहकर बासी मछलियाँ चेपने का काम तो नहीं चल रहा है। दूकानदार को वज़ह माकूल लगी और FRESH शब्द भी गायब हो गया ... बस FISHES लिखा रह गया अब बोर्ड पर । अब आये बुद्धिजीवियों के महागुरु... वे बोले ये FISHES लिखने की तो ज़रूरत हीं नहीं क्योंकि मैं आ रहा था तो ५०० मीटर दूर चौराहे से हीं मछलियों की बदबू आ रही है । अन्धा भी ताड़ लेगा कि यहाँ आस पास मछलियाँ बिक रही हैं.... और इस तरह आखिरकार वह बोर्ड हट गया क्योंकि उस पर कोई हर्फ़ बचा हीं नहीं।

अब बेताल पूछता है कि बोलो विक्रम ! बोर्ड , मछली , दूकानदार और बुद्धिजीवी आखिर कौन हैं ? वर्तमान परिदृश्य में इनकी क्या भूमिका है?

विक्रम ने कहा... सुनो बेताल, कलियुग की इक्कीसवीं सदी के परिप्रेक्ष्य में इसे बताता हूँ कि मछली है हमारी धरोहर जो पूर्वजों से हमें विरासत में मिली, दूकानदार है समाज का सीधा

साधा गृहस्थ या शहरी जो संस्कृति के प्रचार प्रसार और संरक्षण के लिये कृतसंकल्प है, बोर्ड है संस्कृति , उस पर लिखी भाषा है संस्कृत और बुद्धिजीवियों का समूह है वह पढ़ा लिखा सनातनी जो यह कहे कि संस्कृत तो कभी जनभाषा रही हीं नहीं और ये विलाप भी करे कि जब सनातन की विरासत इतनी समृद्ध थी तो आज यहूदी , ईसाई और इस्लाम संस्कृति के आगे सनातन इतना पिछड़ा क्यों है।

संस्कृति और संस्कृत इतने जुड़े हैं कि अगर संस्कृत मिटा तो आपकी संस्कृति भी खत्म हीं मानिये। तर्क ने कैसे एक एक शब्द को हटा कर पूरे बोर्ड को हटा दिया आपने देखा। उन बुद्धिजीवियों को मछली खरीदने , बेचने या भाव जानने से कोई मतलब नहीं था ... पूरी कोशिश बस यह बताने की थी कि हे संसारी मनुष्य ! तूँ गलत है ।... मुझे तो पक्का पता है बेताल कि उनमें से कोई मछली खाने वाला भी ना रहा होगा इसीलिये उसे मछली की बदबू ५०० मीटर दूर से नथुनों में महसूस हुई। मछली खाने वाले को मछली की बदबू नहीं लगती तात !
तभी बेताल की आवाज़ गूँजती है सुनो विक्रम ! सही जवाब पर तुमने अपना मौन तोड़ दिया .... मैं तो चला .....॥ कहानी खत्म पर मीमांसा चालू...

कैसे पूरे बोर्ड का " खाया पिया कुछ नहीं गिलास तोड़ा बारह आने " की तर्ज़ पर तीया पाँचा किया गया । पर अगर बोर्ड के

सारे अक्षरों को मुकम्मिल रखा जाता तो भी क्या बोर्ड गायब हो जाता? नहीं ना । आखिर उस दूकानदार ने सोच समझ कर पैसे खर्च करके बोर्ड बनवाया था। विरासत भी रहेगी, आम गृहस्थ या शहरी भी रहेंगे और मछलियाँ भी रहेंगी पर दूकान को पहचान देने वाली संस्कृति गायब हो जायेगी और वज़ह होगी उस पर लिखे अक्षरों की अवहेलना, भाषा की अवहेलना।

कहानी को छोड़िये विक्रम बेताल को जाने दीजिये बस एक बात पर गौर कीजिये कि आज भी नमाज़ और कुरआन की भाषा अरबी / फ़ारसी है जब कि कम से कम २०-३० करोड़ इस्लाम समर्थकों में किसी के घर की बोली फ़ारसी नहीं है। यहूदी ईसा ने किस तरह अरामिक भाषा में न्यू टेस्टामेण्ट पा लिया जबकि इज़राइल और बैटिकन अभी भी इस तकरार में हैं कि ईसा अरामिक भाषा में बाइबिल में बोले या हिब्रू में। कई इतिहासकार तो ये भी मानते हैं कि ईसा के समय में ग्रीक और लैटिन भाषायें भी काफी चलन में थीं। पर भाषा पर विचाद ना उठा कर आज ईसाइयत , इसलाम और यहूदी धर्म अपनी प्राचीन भाषाओं को किसी आभिजात्य वर्ग की रखैल न मान कर अपनी संस्कृति को बचाये हुए तो हैं हीं बल्कि और भी पल्लवित और पुष्पित कर रहे हैं। जैन और बौद्धों को भी पाली से विरक्ति नहीं ... सिखों को तो अपनी लिपि को भी गुरुमुखी कहने में गर्व होता है पर सनातन का बुद्धिजीवी वर्ग ये साबित करने में प्राणपण से जुटा है कि संस्कृत लोक भाषा नहीं रही

और संस्कृत मनुवादियों की भाषा रही । इसलिये संस्कृत का अपमान होता रहा और अन्ततः पूर्व मध्य के सनातन देवालय या तो तोड़ दिये गये या अन्य मतावलम्बियों के आराधनास्थल बना दिये गये। पाकिस्तान के मन्दिरों का शौचालय तक में रूपान्तरण अपनी संस्कृति से विमुख होने का प्रमाण था और बामियान के बुद्ध तो इस लिये मिटे कारण उनके उपासक तो स्वयं को सनातन के समुद्र से अलग तालाब मानते रहे। जैन तीर्थस्थल अगर अक्षुण्ण रहे तो उसके पीछे जैन मतावलम्बियों की आस्था बल कम और व्यावसायिक शक्ति का वर्चश्व अधिक रहा लेकिन इस बात से इनकार नहीं कि पाली और संस्कृत भाषा का सम्मान जैनियों ने हमेशा किया और परिणाम आपके सामने है।

इस्लाम मतावलम्बी फ़ारसी को कभी भी लुप्त भाषा नहीं मानते हैं और आज भी नमाज़ से लेकर फ़ातिहा तक उसी ज़ुबान में करके उस भाषा और अपनी इस्लामी विरासत को सँजोये बैठे हैं और उनके संख्याबल के आगे बड़े बड़े समृद्ध देशों के प्रधानमन्त्री भी बुर्का पहन या हिज़ाब लगा कर उनके साथ अपनी समानुभूति का प्रदर्शन कर चुके हैं। ईसाइयत ने अरामिक भाषा के बदले विश्व की हर भाषा में बाइबिल का अनुवाद करवा कर अनगिनत लोगों को ईसाई बनाया पर कभी भी अरामिक भाषा को लुप्त भाषा नहीं बताया और आज ईसाइयत सबसे समृद्ध सम्प्रदायों में एक हैं। यहूदियों ने तो

मात्र २% हिब्रू जानने वाली आबादी के साथ अपने देश इज़रायल की राजभाषा हीं हिब्रू को बना दिया क्योंकि ओल्ड टेस्टामेण्ट की भाषा हिब्रू हीं है और आज तक अपनी संस्कृति को बरकरार और ताकतवर बनाये रखा है। तुर्की के शाह मुस्तफ़ा कमाल पाशा ने अपने देश की एक प्राचीन और अप्रचलित भाषा (शायद उसे तुर्की भाषा हीं कहते हैं) को अपनी राजभाषा बनाकर अपनी संस्कृति को अक्षुण्ण रखा है। ये उदाहरण काफी हैं ये बताने के लिये कि अपनी भाषा का सम्मान हीं संस्कृति को जिलाये रखता है।

आज भी शादी और श्राद्ध की भाषा बनकर संस्कृत अपनी पहचान बनाये है और जब तक ये परम्परा बची रहेगी भारतीय संस्कृति की अक्षुण्णता बनी रहेगी। आप मानेंगे कि आज भी पारम्परिक विधि से हुई शादियाँ तमाम विसंगतियों के वाबज़ूद तलाक के दुर्गुण से लगभग बची हुई हैं। हिन्दी और संस्कृत या किसी भी भारतीय भूमि प्र प्रचलित भाषा में तो तलाक के लिये शब्द हीं नहीं थे । ये तो इस्लाम और ईसाइयत का हिन्दुत्व को अवदान है। आज भी सनातन परम्परा में तलाक की वज़ह प्रायः अन्तर्जातीय विवाह , कोर्ट मैरेज और पाश्चात्य शैली की तरफ झुकाव हीं है।

आज भारतीयों में पश्चिम के प्रति झुकाव क्यों है तो वज़ह आप बतायेंगे कि उनकी उल्लेखनीय प्रगति पर वज़ह ये नहीं । मेरे हिसाब से वज़ह है अपनी संस्कृति से दूरी। मुगलों और अंग्रेजों

से पहले भारत में अपनी संस्कृति के अनुरूप वर्ण व्यवस्था थी , छुआछूत भी होगा (कोरोना की दया से आज कल फिर छुआछूत को बढ़ावा मिल हीं रहा है) पर बेकारी , बेरोजगारी और भुखमरी नहीं थी पहले मुगलों ने हमारी संस्कृति को तेजहीन बनाने की कोशिश की और फ़ारसी को भारतीयों के अवचेतन में स्थापित किया और कहावत आई " पढ़े फ़ारसी बेचे तेल देखो भैया करम का खेल " और अंग्रेज़ी हुकूमत ने तो राजा राम मोहन राय और मैकाले साहेब की कृपा से भारतीयों को अपनी संस्कृति से दूर करने में पूरी सफलता पा ली और वज़ह रही संस्कृत से दूरी।

क्या ये गज़ब नहीं लगता है कि जिस संस्कृत भाषा को हटा कर राजा राम मोहन राय ने बर्तानिया हुकूमत को आधुनिक ज्ञान सिखाने का अनुरोध किया उसी संस्कृत के वेद , उपनिषद, पुराण , गणित , विज्ञान , चिकित्सा , आयुर्वेद और अन्य प्राच्य शिक्षा को ग्रहण करने के लिये मैक्समूलर ने एँड़ी चोटी एक कर दी।उसी षडयन्त्र के तहत हड़प्पा- मोहेन जो दाड़ो की लिपि आज तक नहीं पढ़ी जा सकी जबकि सभी लुप्त प्राय सभ्यताओं की लिपियाँ कम्प्यूटर की सहायता से पढ़ी जा चुकी हैं या कोशिश में सफलता मिलने हीं वाली है। पर उनकी गलती क्यों गिनवाऊँ जब अपने भाई लोग हीं संस्कृति से संस्कृत का अविच्छिन्न संबन्ध नहीं पहचान पा रहे हैं। सारी विदेशी यूनिवर्सिटियों के संस्कृत के विभाग वहीं के छात्रों से भरे पड़े है,

आखिर क्यों? वे हमारी संस्कृति में छिपे अमूल्य ज्ञान को समेटने को आतुर हैं इसलिये अपने नागरिकों को संस्कृत पढ़ा रहे हैं ताकि वे इस भाषा में शोध कर अपने देश के लिये प्राच्य संस्कृति के आविष्कार चुरा सकें पर हम आज भी कैन्सर , कोरोना और एड्स के लिये आयुर्वेद की विफलता पर रो रहे हैं और विदेशियों की विरुदावली पढ़ने में व्यस्त हैं।

पुनश्च : -

रियासतों में बँटे भारत के एकीकृत स्वरूप के लिये वामपन्थी इतिहासकार अंग्रज़ों के शासन को श्रेय देते रहे हैं परन्तु उनसे पहले अनन्त श्री विभूषित आदि शंकराचार्य ने भारत के चार सुदूर और दुर्गम कोनों पर अपने चार पीठ स्थापित किये जबकि उनके पास बहुभाषी होने का कोई प्रमाण नहीं है। अगर वे बहुभाषी होते तो एक आध रचनायें तेलगु, तमिल , कन्नड और मलयालम में भी लिखते परन्तु ऐसा नहीं है। अपनी मातृभाषा के साथ मात्र संस्कृत के दम पर बदरिकाश्रम उत्तराञ्चल में ज्योतिर्मठ, द्वारकाधाम गुजरात में शारदा मठ, जगन्नाथ पुरी ओडिसा में गोवर्धन मठ और चिकमंगलुर रामेश्वरम् में श्रृंगेरी मठ की स्थापना की जबकि कश्मीर के शंकराचार्य मन्दिर में भी आदि शंकराचार्य के भ्रमण के प्रमाण है और यह मान्यता है यहीं पर उन्होंने सौन्दर्य लहरी की रचना की। अगर संस्कृत ने भारत को सांस्कृतिक रूप से एक ना किया होता तो निश्चित रूप से शंकराचार्य को तमिल, तेलगु.

कन्नड और मलयालम के साथ उड़िया, बाँग्ला, गुजराती , पहाड़ी/गढ़वाली और कश्मीरी या डोगरी भाषाविद होना चाहिये था जो कि वे नहीं थे और ये भी परम आश्चर्य का विषय है कि पूरे भारत की सीमा को उनको पता कैसे चला , रास्ते में सारे स्थानीय निवासियों ने उनकी भाषा कैसे समझी और उन्होंने पूरे रास्ते में सबसे किस भाषा में बात की। परन्तु जैसे हीं आप संस्कृत की सांस्कृतिक सम्प्रभुता को स्वीकार कर लेंगे आपको शंकराचार्य का ट्रैवेल प्लान मिल जायेगा। वैसे ये सच है कि भारत के भिन्न भिन हिस्सों में बोली जाने वाली हिन्दी या अंग्रेज़ी भिन्न भिन्न प्रकार के उच्चारण प्रक्रिया से बोली जाती है परन्तु संस्कृत श्लोक का उच्चारण करने वाला चाहे केरल का हो , हैदरावाद का हो, कश्मीर का हो , कामरूप का हो , पुरी का हो या पटना का हो सबकी उच्चरण शैली में ज्यादा फ़र्क नहीं दिखेगा।

बस एक ध्येय वाक्य है इस संदर्भ में कि यदि भारतीयता या आर्य संस्कृति बचानी है तो संस्कृत को बचाइये।

जाति - एक अघोषित आरक्षण और सर्वमान्य ट्रेड यूनियन

अंग्रेजों का सबसे बड़ा योगदान ही यही रहा है कि उसने सबसे पहले भारतीय समाज की शांति के बीच उपद्रव का बीज बोया । आप इस पर आश्चर्य कर सकते हैं । भारतीय समाज में छुआछूत था ,भेदभाव था और ऊंच नीच भी था पर आपको पता है कि यह सब गुण एक सक्रिय संरचना में होती है, हर उस कार्य शैली में होती है जो किसी को आजीविका प्रदान करता है। यह व्यवस्था ऑफिस में होती है, कार्यालय में होती है, मंत्रालय में होती है।

कभी भी गौशाला की गायों में आपको यह व्यवस्था नहीं मिलेगी क्योंकि गायों के तबेले में कोई गाय किसी गाय को रोजगार नहीं देती। एक घास का गट्ठर या हरी पत्तियों का समूह देखकर सारी गायें दौड़ पड़ती है जिसको जितना जुगाड़ लग पाता है खा लेती हैं । वहां पर पेट भरने के लिए चपलता ,ताकत और तत्परता की जरूरत होती है। यही बात सूअरों के बखोर में भी होती है और हिरणों के झुण्ड में भी। परंतु एक

ऑफिस में या कार्यस्थल पर एक अनुशासन होता है पहले बड़े ओहदे वाले जाएंगे या पहले छोटे ओहदे वाले जाएंगे। उसके बाद वरीयता से आरोही या अवरोही क्रम में सबको हिस्सा मिलता है।

समानता की उपस्थिति मात्र भीड़ में होती है जहाँ कोई किसी की फ़िक्र नहीं करता है।

इसीलिए अगर कोई समूह कहता है कि हमारे समाज में सारे के सारे समान हैं तो निश्चित रूप से उस समाज में लूटपाट करके ही खाने की परंपरा होगी, किसी को आजीविका नहीं मिलती होगी और अगर मिलती है तो जरूर वहां पर ऊंच-नीच ,छुआछूत और एक वर्ण व्यवस्था होगी।

और ये सच है कि जहां भी आप को रोजगार मिलता है यह ऊंच-नीच और छुआछूत का एक लेयर बन हीं जाता है और हो सकता है कि उसमें आप सब से शीर्षस्थ हों और बाकी निकृष्ट।

अंग्रेजों से पहले समाज में छुआ-छूत था भेदभाव था ऊंच-नीच का भाव था परंतु अकाल नहीं था, भुखमरी नहीं थी ,बेरोजगारी नहीं थी पर अंग्रेजों ने हमारी शिक्षा पद्धति को चरमरा दिया और अपनी एक ऐसी शिक्षा पद्धति बनाई जिसमें 20 साल पढ़ाई करने के बाद आपको पता चलता है कि आप क्या करने

लायक होंगे।

इस पद्धति ने एक नई जाति व्यवस्था और नया छुआ-छूत बना दिया।अब हर युवा को अपने कौलिक या खानदानी पेशे में मनुवाद दिखने लगा । अब वह दूसरे के काम को बेहतर और अपने काम को बुरा मानने लगा ।

आपके उद्धरण के लिये बताता चलूँ कि फेसबुक पर कई लेख उपलब्ध हैं जो बताते हैं कि हिंदुओं ने जिन जिन पेशों का तिरस्कार किया अन्य मतावलम्बियों ने उसे अपना कर अपनी अर्थव्यवस्था चमका ली और हिन्दू आरक्षण और जाति व्यवस्था को कोसते रहते रह गए।

जाति व्यवस्था ने वास्तव में एक तरह से साम्यवाद का स्पर्श किए बगैर ट्रेड यूनियन का काम किया जिसमें समाज का हर व्यक्ति समाज के लिए उपयोगी था और उसी समाज में उस व्यक्ति को अपने पालन पोषण के लायक धन या सामग्री मिल जाती थी । परंतु औपचारिक पढ़ाई ने उन्हें समाज के लिए अनुपयोगी, मूर्ख और घमंडी बना दिया और उनके जिम्मे डाल दिया एक नई जाति व्यवस्था के निर्माण की संभावना। इस पाश्चात्य शिक्षा ने बताया कि ब्राह्मणों की वजह से ही दलित आज दलित है अछूत आज अछूत है और समाज की हर बुराई के लिए एकमात्र दोषी ब्राह्मण है। इसी बात पर दो कदम और बढ़कर साम्यवादियों ने या कहें वामपंथियों ने

पूंजीवादियों को गरीबी के हर कारण का मूल बताया । हर फैक्ट्री हर उद्योग में ट्रेड यूनियन बनाकर हड़ताल करवाई , हर पूंजीपति को अपने उस उपक्रम को बंद करने पर विवश कर दिया और आज कई ऐसे नगर हैं जहां पहले उद्योग धंधों की भरमार थी आज वहां के सारे युवा प्रवासी मजदूर बनकर दर ब दर हैं।

खैर यह बात नई दिशा ले रही है। हम फिर से उसी जातिवाद की पटरी पर लौटते हैं। इस बार में जाति के फायदे और भारत के विभिन्न समाजों में विभिन्न भागों में जातिगत छुआछूत पर अपना विचार रखूंगा। यह सूचनाएं मेरी निजी खोज नहीं है यह विकिपीडिया वार अन्य इंटरनेट स्रोतों से उद्धृत तथ्य हैं जिन्हें मैंने अपनी शैली में कहने की कोशिश की है।

इस आलेख में मेरी कोशिश जातिवादी व्यवस्था की सार्वभौमिकता प्रमाणित करने की है।

भारत में जाति सर्वव्यापी तत्व है। ईसाइयों, मुसलमानों, जैनों और सिखों में भी जातियाँ हैं और उनमें भी उच्च, निम्न तथा शुद्ध अशुद्ध जातियों का भेद विद्यमान है।

ईसा की 12 वीं शती में दक्षिण में वीर शैव संप्रदाय का उदय जाति के विरोध में हुआ था। किंतु कालक्रम में उसके अनुयायियों की एक पृथक् जाति बन गई जिसके अंदर स्वयं अनेक जातिभेद हैं।

सिखों में भी जातीय समूह बने हुए हैं और यही दशा

कबीरपंथियों की है।

गुजरात की मुसलिम बोहरा जाति की मस्जिदों में यदि अन्य मुसलमान नमाज पढ़े तो वे स्थान को धोकर शुद्ध करते हैं।

बिहार राज्य में सरकार ने 27 मुसलमान जातियों को पिछड़े वर्गों की सूची में रखा है।

केरल के विभिन्न प्रकार के ईसाई वास्तव में जातीय समूह हो गए हैं।

मुसलमानों और सिक्खों की भाँति यहाँ के ईसाइयों में अछूत समूह भी हैं जिनके गिरजाघर अलग हैं अथवा जिनके लिये सामान्य गिरजाघरों में पृथक् स्थान निश्चित कर दिया गया है।

किंतु मुसलमानों और सिखों के जातिभेद हिंदुओं के जातिभेद से अधिक मिलते जुलते हैं जिसका कारण यह है कि हिंदू धर्म के अनुयायी जब जब इस्लाम या सिख धर्म स्वीकार करते हैं तो वहाँ भी अपने जातीय समूहों को बहुत कुछ सुरक्षित रखते हैं और इस प्रकार सिखों या मुसलमानों की एक पृथक् जाति बन जाती है।

चलें अब दुनियाँ की सैर करें।

अन्य देशों में जातितत्व

ऐतिहासिक अभिलेखों से ज्ञात होता है कि प्राचीन मिस्र और

पश्चिमी रोम साम्राज्य में भी इस प्रकार की व्यवस्था थी जिसमें कार्य विभाजन से उत्पन्न पेशे और पद वंशानुगत कर दिए गए थे।

ईसा की 5वीं शताब्दी में रोम साम्राज्य की विधिसंहिता के अधीन सभी धंधे और प्रशासनिक कार्य वंशानुगत थे। विवाह संबंध अपनी बिरादरी में ही हो सकता था।

प्राचीन मिस्र में पुरोहित, सैनिक, लेखक, चरवाहे, सूअर पालनेवाले और व्यापारियों के पृथक् पृथक् वर्ग थे जिनके पेशे और पद वंशानुगत थे। कोई कारीगर अपना पैतृक धंधा छोड़कर दूसरा धंधा नहीं कर सकता था। उसका अपने वर्ग से संबंध अटूट था। सुअर पालने वाले अछूत माने जाते थे और उन्हें मंदिरों में प्रवेश करने की अनुमति नहीं थी। वैवाहिक दृष्टि से उनकी अंतर्विवाही जाति थी। सैनिक, पुरोहित और लेखक एवं अध्यापक उच्चवर्ग में थे और एक ही परिवार में तीनों प्रकार के व्यक्ति हो सकते थे। परंतु अन्य वर्गों के लिये उनके पैतृक पेशे निर्धारित थे।

इस प्रकार मिस्र और प्राचीन रोम में वर्गों के विभाजन का रूप वैसा न था जैसा भारत में मिलता है। न तो खानपान और छुआछूत संबंधी प्रतिबंध थे और न अंतवर्गीय विवाहों पर धार्मिक या सामाजिक रोक थी।

पेशों के संबंध में भी रोम तथा मिस्र दोनों देशों में शासन की ओर से रोक लगाई गई थी। मतलब ये कि सत्ता को भी

आजीविका के आधार पर एक व्यवस्था की ज़रूरत थी ... यानी जाति तो थी।

कोर्नियों में विभिन्न वर्ग सदा अपने वर्ग में ही विवाह करते हैं। किंतु मध्यम वर्ग के व्यक्ति दास वर्ग की स्त्रियों से विवाह कर लेते हैं।

कैरोलिन में दासों के अतिरिक्त उच्च और निम्न दो वर्ग हैं। निम्न वर्ग का व्यक्ति यदि उच्च वर्ग के व्यक्ति को छू ले तो वह अपराधी माना जायगा जिसका दंड मृत्यु है। निम्न वर्ग के लोग मछली का शिकार तथा नाविक का कार्य नहीं कर सकते।

अफ्रीका में लोहारों का समूह प्रायः शेष समाज से पृथक् रखा जाता है और इस वर्ग के लोग अपनी बिरादरी में ही विवाह करते हैं।

म्याँमार या बर्मा में पैगोडा का दासवर्ग एक पृथक् और अंतर्विवाही समूह है और उनका पेशा वंशानुगत है। वहाँ के राजाओं के काल में छह हीन वर्ग समझे जाते थे जो शेष समाज से पृथक् रहते थे। उनसे न तो कोई अन्य बर्मी विवाह तथा खानपान का संबंध करता था और न उनके पेशों को अपनाता था। इन वर्गों में थे पैगोडा के दास, पुलिस का काम करनेवाले

तथा फाँसी देनेवाले लोग, कोढ़ी, असाध्य रोगों से पीड़ित, विकलांग, मुरदों को दफन करनेवाले लोग तथा राजा के खेतों में काम करनेवाले दास।

इंग्लैंड के राजा हेनरी अष्टम अपनी पत्नी को तलाक देकर एक निम्न जाति की लड़की से विवाह करने की स्वीकृति चर्च से मांगी परंतु चर्च ने इसे स्वीकार नहीं किया और राजा के द्वारा दिए गए सारे आवेदन पत्रों को एक लाल कपड़े में बांधकर रख दिया जिसके कारण आज भी आपके उचित आग्रह को सरकारी ऑफिसों में देरी से स्वीकृत करने या निरस्त या लंबित कर देने की प्रक्रिया को लालफीताशाही कहते हैं।

अभी हाल हीं में बीबीसी डॉट कॉम पर ये खबर है कि ब्रिटेन में भी भारत की तर्ज़ पर जातिगत भेद भाव को दण्डनीय अपराध माना जायेगा अर्थात् अब तक ये भेद भाव अदण्डनीय था।

अमरीका के राष्ट्रपति जॉर्ज़ बुश सीनियर ने बराक ओबामा से हाथ मिलानेके बाद अपने हाथों को सैनिटाइज़ किया था। ये खबर अखबारों में दर्ज़ है और उस समय कोरोना काल नहीं था। Black life matters आन्दोलन ये बताने के लिये काफी है , इन्सान के दो रंगों में से एक रंग हीं अछूत है जाति से भी बड़ी प्रथा छूआछूत वाली।

सऊदी अरब के लोग तो भारतीय उपमहाद्वीप के मुसलमानों को पूरे मुसलमान हीं नहीं मानते।

चीन में ५६ प्रकार की जातियाँ निवास करती हैं जिनमें हान जाति बहुसंख्यक है और अल्पसंख्यकों में मंगोल , कज़ाख, उईगर, हवी, म्याओ, यी आदि हैं।

जापान में कई प्रकार की जातियाँ हैं - समुराई (शी) [सबसे उच्च], किसान (नो) , श्रमजीवी (को) और व्यापारी (शो) (सबसे निम्न)। इसके अलावा निकृष्ट जातियोंमें चमड़े का काम करने वाले, लाश ढोने वाले, कब्र खोदने वाले , स्वांग और नृत्य करने वाले आदि आते हैं।

जापान में सैनिक सामंतवाद (12वीं शताब्दी से 18वीं शताब्दी के मध्य तक) के शासनकाल में अभिजात सैनिक समुराई वर्ग के अतिरिक्त कृषक, कारीगर, व्यापारी और दलित वर्ग थे। समुराई शासन सुविधासंपन्न वर्ग था, जिसके लिये विशेष कानूनी व्यवस्था और अदालतें थीं। दलित वर्ग में एता और हिनिन दो समूह थे जो समाज के पतित अंग माने जाते थे और गंदे तथा हीन समझे जानेवाले कार्य उनके सपुर्द थे। विभिन्न वर्ग विवाह की दृष्टि से अंतर्विवाही समूह थे और दो वर्गों के व्यक्तियों में विवाह के लिये शासन से विशेष आज्ञा लेने का आवश्यकता होती थी।

चीन में शासकीय पदों के लिये एक परीक्षा का नियम था जो सभी वर्गों के लिये खुली थी। परंतु नाइयों का एक पृथक् और पतित वर्ग माना जाता था जिसको न तो शासकीय परीक्षाओं में भाग लेने की अनुमति थी और न कोई अन्य वर्ग का व्यक्ति

इनसे विवाह संबंध करता था। अन्य वर्गों में पेशे साधारणतः वंशानुगत थे। परंतु इस संबंध में और अंतर्विवाह के संबंध में भी कठोर सामाजिक नियम नहीं थे।

विदेशियों के नाम के साथ जुड़े बटलर, शूमेकर, बूचर, वुड आदि कार्य कुशलता से संवद्ध समूह सूचक शब्द हीं तो हैं। यही समूह तो जाति (Caste) है ।

इस प्रकार हम देखते हैं कि प्राचीन काल में और सामंतवादी व्यवस्था में पेशों और पदों की वंशानुगत करने को प्रवृति प्रायः सभी देशों में थी। इनके अतिरिक्त अनेक देशों में कुछ समूह ऐसे भी दिखाई देते हैं जो शेष समाज से पृथक् और हीन हैं तथा अनेक नागरिक और धार्मिक सुविधाओं से वंचित हैं। सामाजिक मर्यादा की दृष्टि से विभिन्न वर्गों का श्रेणीविभाजन तो सभी देशों में रहा है। भारतीय उच्च वर्गों की भाँति अन्यत्र भी उच्च वर्गों को प्रायः सांपत्तिक, नागरिक और धार्मिक विशेषाधिकार प्राप्त रहे हैं। छुआछूत और अंतर्विवाहों पर निषेध के कुछ उदाहरण भी जहाँ तहाँ मिलते हैं। प्राचीन मिस्र, मध्यकालीन रोम और सामंती जापान में राज्य की ओर से अंतर्विवाहों पर प्रतिबंध लगा दिए गए थे और पेशों को वंशानुगत कर दिया गया था।

अन्त में इसी वाक्य के साथ ये आलेख खत्म करूँगा कि जातिव्यवस्था समाज की विशेषता है। वह ऐसी स्थिर वस्तु

मानी गई है जिसमें व्यक्ति की सामाजिक मर्यादा जन्म से निश्चित होकर आजीवन अपरिवर्तनीय रहती है।

और एक उम्मीद आपसे कि क्या जाति विभाजन को वर्तमान मे समाज के लिये उपयोगी बनाया जा सकता है ... आजीविका उपार्जन के सन्दर्भ में कारण हमारा सारा सामाजिक समरसता सिद्धान्त भले जाति व्यवस्था को कोसे पर सारी योजनाओं के मूल में आज भी उसी जाति व्यवस्था की अक्षुण्णता है।

भारत में द्विविधा साम्यवाद या वामपन्थ की

भारतीय परिदृश्य में मात्र दो राजनैतिक विचारधारायें वंशवाद, परिवारवाद और भाई भतीजावाद से परे हैं एक है साम्यवादी पार्टियाँ दूसरी राष्ट्रीय स्वयंसेवक संघ का राजनैतिक अनुभाग भारतीय जनता पार्टी। इन दोनों राजनैतिक दलों में शायद नैतिकता आज भी जीवित है इस लिये इन दलों के कार्यकर्ता पारिवारिक वर्चश्व को हमेशा नकारते रहे हैं । कभी कभी पिता पुत्र , माता पुत्र की जुगलबन्दी दिख जाती है पर राजनैतिक दूरदर्शिता वाला नेता हीं टिक पाता है , ये दल राजनैतिक दर्शन को पारिवारिक सम्पत्ति बनने से हमेशा रोकते हैं।

पहली बार प्रकाश करात और वृन्दा करात जैसे दो सदस्य सीपीएम में दिखे पर दोनों के राजनैतिक टेम्परामेण्ट ने उन्हें एक हीं पार्टी के अन्दर सम्मानजनक स्थान दिलवाया किसी परिवारवादी प्रश्रय ने नहीं। आज दोनों नामचीन शख़िशयतें कहाँ हैं ये येचुरी जी हीं बता सकते हैं।

जर्मनी ने रुडोल्फ़ हिटलर दिया और उसी देश ने कार्ल मार्क्स

दिया पर दोनों को उसी देश में कोई विशेष आदर नहीं मिला शायद घर का जोगी जोगड़ा आन गाँव का सिद्ध। पर दोनों ने एक विशेष विचार को पैदा किया पहला था राष्ट्र के रूप में बढ़ने की चाहत और दूसरा समता मूलक समाज की स्थापना जिसमें श्रमजीवियों का हित सुरक्षित रहे।

हर युग में हर सम्प्रभु और मुक्तिकामी राष्ट्र में ये विचारधारायें प्रवाहित होती रही हैं कभी उन्मत्त तरंगिणी अलकनन्दा भागीरथी की तरह या कभी अन्तःसलिला सरस्वती की तरह। मध्यमार्ग सदैव यमुना की तरह त्रिवेणी संगम बनाता रहा है।

अपने भारत में तो केन्द्रीय सत्ता जब भी कभी कठोर निर्णय के लिये सन्नद्ध हुई है हिटलर शाही शब्द बेसाख्ता लबों पर आ गया है और सत्ता की आपने मुखालिफ़त की नहीं कि आपके नाम पर वामपन्थी शब्द चिपक जायेगा। अब ये बात और है कि कल की हिटलरी प्रतिभायें आज वामपन्थ का चूल्हा फूँक रही हैं और कल के सत्ता समालोचक या वामपन्थी आज उसी हिटलरी कोट पहनने को आतुर है या पहन चुका है। भारत इस मायने में अनोखा देश है जहाँ वामपन्थ मोर्चा बनाकर सत्ता पा लेता है पर अपना विपक्ष बर्दाश्त नहीं कर पाता है और उस सत्ता का विपक्ष लेफ़्ट ना कहला कर फ़ासिस्ट शक्तियाँ

कहलाने लगता है।

ये भी अनोखा मुद्दा है कि फ़ासिज़्म वाले देश का डीएनए आज वामधड़े के साथ मिल कर संसद के एक सर्वमान्य निर्णय के खिलाफ़ एक मुहल्ले की नाकाबन्दी किये बैठा है।

यह भी अजीब है कि हिटलर तानाशाही का पर्याय बना है पर भारत में मुसोलोनी कभी उस नाम से चित्रित नहीं किया गया। शायद हम बेटे की ससुराल को कुछ ज़्यादा इज़्ज़त तो नहीं बख़श रहे हैं?

खैर अब मुड़ते हैं वामपन्थ के भटकाव की ओर। पहला भटकाव तो उसकी मूल कंकालीय संरचना के साथ है जो मज़दूरों का हित हमेशा अपनी प्राथमिकता में रखता है और सदैव पूँजीवादियों से नफ़रत करता है। अब मज़दूरों को काम देगा कौन ? काम के बदले वेतन तो उद्योगपति या पूँजीवाद हीं देगा एक मजदूर तो बस सहयोग करेगा या सहयोग लेगा। मार्क्स ने भी पूँजी (दास कैपिटल) हीं लिखी 'श्रम' शीर्षक देने में वे भी हिचकिचाये।

अब समस्या ये है कि पूँजीवाद खुद से नफ़रत करने वालों को अपने काम पर क्यों रखे और वेतन भी दे। और प्रत्यक्ष को प्रमाण कैसा? टाटा को भी वाम धरा पर नैनों वाला सपना नहीं दिखा और किसी फ़ासिस्ट शासित राज्य में हीं नैन मटक्का करना पड़ा। आज हर उद्योगपति की छाती पर कोई ना कोई

मज़दूर संगठन मूँग दल रहा है और मज़दूर वैसे का वैसा पिस रहा है।

एनाटामिक फ़ाल्ट वाला यह साम्यवाद अपना पैर मात्र उसी देश में फैलाता है जहाँ के लोग सहिष्णु और किसी भी उदात्त विचारधारा को उदारता पूर्वक स्वीकार करने वाले होते हैं। श्रमजीवियों का असन्तोष इनकी खुराक है जो इन्हें ऊर्जा देती है। समस्या इनको लोगों की सन्तुष्टि से होती है और संयोग से भारतीय उपमहाद्वीप में धर्म ने सन्तोष करना सिखाया है, किसी को अल्लाह का सहारा है तो किसी को अपने भगवान का , कोई बुद्धं शरणम् गच्छामि में शान्ति और सन्तोष का बीज ढूँढ लेता है तो कोई वाहे गुरु दा खालसा वाहे गुरु दी फ़तह का उच्चारण करके अपनी तकलीफ़ों और मुसीबतों के बीच भी झल्लाता नहीं है। शायद यही वज़ह है कि एक अनदेखे और काल्पनिक डर के नाम पर शाहीन बाग़ सज जाता है और का का छी छी हो रहा है जबकि कश्मीरी पंडित दर ब दर होकर भी हथियार नहीं उठा रहे।

वामपन्थ की राह का रोड़ा दरअसल सनातन धर्म है जिसकी वर्ण व्यवस्था भारतीय साम्यवाद की सबसे बड़ी मिसाल है। इस व्यवस्था के सबसे उच्च श्रेणी में प्रतिष्ठित ब्राह्मण और देवता शिव स्वयं हीं सबसे बड़े साम्यवादी हैं जो अपने लिये

कोई भी आजीविका नहीं चाहते। सर्वे भवन्तु सुखिनः ही इनका ध्येय वाक्य है और विपन्नता हीं इनका स्वाभिमान है। विवाह से श्राद्ध तक इनकी एक समान उपस्थिति श्लाघ्य और स्तुत्य है। सनातन धर्म का समाज वर्णाश्रम पर टिका हुआ है । समाज का हर तबका एक रोजगार से जुड़ा है, सुनार, लुहार, कुम्हार , बढ़ई , नाई आदि को आज भी इस वर्ण व्यवस्था से कोई समस्या नहीं है पर इस वामपन्थ ने मनुवाद का बबंडर फैला कर और धर्म को कुरीतियों का मूल बता कर समाज में वो असहजता उत्पन्न कर दी है कि आज शिक्षा का प्रसार तो है पर बेरोजगारी का पहाड़ भी है। पहले सारे लोग तथाकथित रूप से शिक्षित तो नहीं थे पर बेरोजगार भी नहीं थे। जातियाँ तो थी हीं नहीं ... बतायें अगर पता हो तो कि किसान किस जाति का होता था या बनियों की क्या जाति होती थी या राजा किस जाति का था। जाति वहीं थी जहाँ रोजगार मिलने की संभावना थी। आज पढ़ा लिखा कर आप जाति विहीन समाज की आधार शिला रख रहे हैं तो देखिये रोजगार को तरसते युवाओं की फ़ौज़ भी आप हीं बन चुके हैं।

और ये बेरोज़गारी असन्तोष पैदा करती है और असन्तोष साम्यवाद की खुराक़ है।

एक सवाल और कि वामपन्थ भारत में हमेशा मुसलमानों के साथ क्यूँ दिखता है तो जवाब साधारण सा है कि उसे हर उस

चीज़ से नफ़रत है जो जनमानस में सन्तोष के बीज बोता है पर यहाँ तो सनातन धर्म से टकराना है तो इस्लाम का समर्थन चल रहा है वरना यही इस्लाम तो चीन में भी है। जिस साम्यवाद ने अभिव्यक्ति की आज़ादी के नाम पर भारत को असहिष्णुता का भूकम्प केन्द्र बता दिया गया उसी के शासित देश में थ्येन आन मन चौक भी तो हैं ... उइगर मुसलमान भी तो हैं... मामला बस वही है कि आपके पैर पैर और हमारे चरण।

एक परिवारवादी पार्टी के खिलाफ़ चीख चिल्लाकर अस्तित्व में आई साम्यवादी पार्टियाँ आज उसी को छाता बनकर उसे सताहीनता की धूप में बँचा रही हैं... यानी साम्यवाद का फ़ोकस सत्ता की मलाई के अभाव की आशंका से हीं बिगड़ जा रहा है।

एक वाम शासित राज्य में दलित पुजारी बनाने की घटना को सामाजिक पुनर्जागरण का प्रतिविम्ब माना जा रहा है पर क्या वे किसी दलित को श्राद्ध कर्म कराने वाला महाब्राह्मण बनाने की कोशिश कर पायेंगे, क्या कोई मुस्लिम ग्रन्थी, किसी पंडित को पादरी , कोई सिख मौलवी या इस्लाम मतावलम्बिनी महिला मौलवी जो मस्जिद में अजान पढ़वाये, या एक जैन को किसी बौद्ध मठ का प्रबन्धक बना पायेंगे?

नहीं ना! सनातन तो केले का थम्ब होता है , उस पर तो नाखूनों से भी अभिलेख लिखे जा सकते हैं?

जनाब चारपाई पर तबला हर कोई ठोक लेता है मज़ा तो तब है कि तबले पर भी आपकी अंगुलियाँ उसी तरह थिरकें।

धर्म को अफ़ीम मानने वाला वामपन्थ दलितों को अफ़ीम पिला कर पुनर्जागरण ला रहा है।

यही इसका भटकाव है। समानता या समतामूलक समाज की स्थापना का ध्येय लिये यह साम्यवादी विचारधारा दरअसल सनातन धर्म की जड़ों पर प्रहार के काम में लग गया है। इसमें इसे इस्लाम की शह मिल रही है। इस्लाम का सपोर्ट उसे धर्मनिरपेक्षता के नाम पर मिल रहा है पर इतिहास साक्षी है कि इस्लाम सेकुलरिज्म को तभी तक मानता है जब तक उसके अनुयायी अल्पसंख्यक हैं । जैसे हीं ये बहुसंख्यक हुए भारत का एक राष्ट्रीय धर्म होगा और वामपन्थ ज़िज़िया चुका रहा होगा और अगर सनातन समाप्त हो गया तो भारत साम्यवादी तानाशाही के हाथों मज़बूर सिसक रहा होगा और इस्लाम किसी डिटेन्सन कैम्प में अपने दिन गुज़र रहा होगा।

सनातन है तो इस्लाम भी है और वामपन्थ भी कारण आप भी जानते हैं कि ना किसी साम्यवाद शासित देश में इस्लाम की हनक बाकी है और ना किसी मुस्लिम देश में साम्यवादी कोरोना वायरस।

पर लेखक का यह मानना है कि साम्यवाद का नाश एक

सात्विक राजनीति का नाश होगा, एक ऐसे राजनैतिक युग का अन्त होगा जहाँ धन विचारधारा पर हावी नहीं हो सकता है, एक ऐसी बौद्धिकता का अन्त होगा जो तटस्थ चिन्तन का मूल है और इसके लिये साम्यवाद को सनातन में निहित साम्यवाद के डीएनए को पहचानना होगा। भारतीय परिप्रेक्ष्य में धर्म को नकार कर या धिक्कार कर तटस्थ राजनीति करना बन्द करना होगा।

साम्यवाद को सोचना होगा कि क्यों लेनिनग्राद सेंट पीटर्सवर्ग में फिर बदल गया ? वहाँ कौन सा फ़सिस्ट था ? वज़ह साफ़ है कि सेण्ट पीटर एक धर्म का द्योतक है। मानव का निरपेक्ष मन लेनिन को सेण्ट पीटर के समकक्ष नहीं रख सकता है। जब एक परमपिता , उनका बेटा और कुछ सेण्ट साम्यवाद को नेशतनाबूद कर सकते हैं तो भारत में तो ३३ करोड़ देवी देवता, अनगिनत कुलदेवता और ग्राम देवता , अल्लाह और सैकड़ों सूफ़ी दरगाहें, दस सिख गुरू और हज़ारों गुरुद्वारे, बुद्ध और उनका विस्तृत संघ, २४ तीर्थंकर और जैन समागम, पारसियों , यहूदियों के ईश्वर के साथ साथ वह परमपिता और उसका समूह तो है हीं... कब तक धर्म को अफ़ीम कह कर बेचियेगा जनाब, जिस दिन ये अफ़ीमची आपके पीछे पड़ गये उस दिन आपको चीन , वियतनाम , लाओस , उत्तर कोरिया, क्यूबा जैसे भाई लोग भी नहीं बचा पायेंगे।

इस लिये हे साम्यवाद पुरोधा ! धर्मनिरपेक्षता की गलियों में भटकना छोड़िये, हर धर्म या सम्प्रदाय में छिपे साम्यवाद के अणु की पहचान कीजिये, उसकी सड़ी गली कुरीतियों पर जरूर प्रहार कीजिये, वर्ग संघर्ष के बदले वर्ग समरसता पर ध्यान दीजिये, श्रमजीवियों को पूँजी का प्रतिस्पर्धी बनाने के बदले सहयात्री बनाइये तो जरूर आप भारतीय राजनीति को एक निष्कलंक विचारधारा से आलोकित कर पायेंगे पर अगर आपने अपनी लगाओ भिड़ाओ नीति का षडयन्त्र नहीं छोड़ा तो

" तुम्हारी दास्ताँ तक भी ना होगी दास्तानों में "

कड़वी बात

हाल के दिनों में एक फ़ेसबुक मित्र ने अदम गोंडवी की एक गजल पोस्ट की जिसका लुब्बे लुबाब ये था कि बाबर की गुनाहों की सजा जुम्मन का घर जला कर क्यों ? मैं भी सहमत हूँ पर इन प्रगतिशील हिंदुओं के छद्म धर्मनिरपेक्ष स्वरूप से बड़ा खिन्न हूँ । अदम गोंडवी एक नामचीन और जमीनी शायर हैं और मेरे पसंदीदा भी पर उनके अग्निधर्मा पद्य मात्र सनातन धर्म के प्रतिमानों को हीं ध्वस्त करते हैं, इस्लाम और ईसाइयत की रूढ़ियों से वे कभी रूबरू हुए हीं नहीं वरना अब तक आर्यावर्त को नया कबीर मिल गया होता। खैर ....

अगर अदम साहेब वजा फरमा रहे हैं तो ये ब्राह्मण कौन से रिश्तेदार हैं मनु के जो एक गरीब ब्राह्मण भी मनुवादी कहला रहा है और बहुजन समाज की ओर से हिकारत भरी निगाहे करम झेल रहा है।

आदि काल से सवर्णों का मल मूत्र की सफाई करने और ढोने वाले वे दलित कौन हैं ? प्रश्न उठना लाजमी है क्योंकि प्रेमचंद के " नमक का दारोगा " कहानी के पंडित अलोपीदीन को

छोड़कर किसी भी कथानक में कोई भी ब्राह्मण अमीर नहीं मिलता है। दादी नानी की कहानी में भी आरंभ " एक राजा या किसी नगर में एक गरीब ब्राह्मण था " से हीं होता था। कभी भी एक गरीब क्षत्रिय , वैश्य या शूद्र का गरीब बतलाकर क्या कोई कहानी सुनी / देखी है।

मेरा सवाल है कि खुले में शौच की स्थिति में मल मूत्र निस्तारण कभी भी सिर पर मैदा ढो कर नहीं हो सकता था और शौचालय की औकात राजा और वणिक वर्ग की हीं हो सकती थी , गरीबी में जिंदा मनुवादी ब्राह्मण भर पेट खाए या शौचालय बनवाए । जब फर्श वाला शौचालय हीं नहीं तो सिर पर कौन सा मैला सदियों से ढोया जाता रहा, ये लेखक तो पता नहीं चल पाता है, सुधी पाठकों को अगर मिले तो अवश्य सूचित करें। अग्रिम आभार ।

हाँ, शंबुक जरूर अदम साहेब का उल्लेख्य चरित्र रहा है और सवर्णों की दमन प्रक्रिया का साक्ष्य भी। पर मैं यह नहीं समझ पाता कि शंबुक का जिक्र दलित विमर्श और द्रोण की चर्चा मनुवादी सोच कैसे?

शंबुक की तपस्या को आप एक आइ ए एस के चेयर पर उसी आफिस के चपरासी या स्वीपर का बैठने जैसा मानिये। आप कैसे व्यवहार की उम्मीद कर सकते हैं उस आफिस होल्डर द्वारा ? शायद टरमिनेशन से कम कुछ भी नहीं । फिर दलितों और अनुसूचित जातियों के सरनेम "राम" का बहुतायत में

होना शंबुक के समाज मे राम की स्वीकृति तो दर्शाती हीं है और एक सवाल भी पूछती है अंबेदकरवादियों से कि जब शंबुक के वंशजों को हत्यारे का नाम सरनेम रखने में आपत्ति नहीं तो अदम साहेब क्यों जल भुन कर खाक हो रहे हैं ?

मैं भी वंशवादी सोच के खिलाफ हूँ और आज यह उम्मीद करता हूँ कि सफाईकर्मी की भर्ती में कुछ गरीब मनुवादियों, छुआछूत विरोधी मुसलमानों और दया के प्रतीक ईसाइयों की भी नियुक्ति हो जाए और अश्पृश्यता निवारण की ओर हमारे तथाकथित बुद्धिजीवी एक कदम और बढ़ा लें पर ऐसा होगा नहीं । बाल्मीकि समाज राम के वंशजों को अपने रोजगार में शामिल नहीं कर सकता पर मंदिर का पुजारी एक शूद्र हो इस विमर्श हेतु कभी भी सन्नद्ध मिलेगा। शिंगणापुर में स्त्री प्रवेश को लेकर जुझारू दीखने वाली और कैण्डल जलानेवाली आधुनिकाएं मस्जिदों में खवातीनों की नमाज अदा करने के हक के लिए एक भी आवाज उठाने से डरती क्यों हैं?

दरअसल आज का हिंदू दो चार किताबें पढ़कर धर्म निंदा के रास्ते से पोर्क और बीफ दोनों का स्वाद उठाना चाहता है।

याद रखें सनातन बंधुओं, अगर सनातन धर्म मिटा तो सेकुलरिज्म, वामपंथ और अभिव्यक्ति की आजादी बस शब्द कोश में मिला करेंगे क्यों कि सहिष्णुता सिर्फ हिंदुत्व का चरित्र है, वामपंथी विचारक मात्र सनातन धर्म की जमीन पर हीं सुरक्षित हैं । अगर आर्यत्व नहीं तो बस आपका सामना जिहाद

और क्रुसेड से हीं होना है। नेपाल और भारत भूमि पर उगे कुकुरमुत्ते बुद्धिजीवियों ,यदि सनातन धर्म की चिता यदि जली तो आप खुद को ब्लासफेमी का मरीज मान लीजिए.... यही आपकी नियति है।

जाति विहीन समाज - बुद्धिजीवी हिन्दुओं का दोगलापन

भारतीय बुद्धिजीवियों को आर्य संस्कृति की वर्ण व्यवस्था और जाति से बड़ी जलन है मेरा मानना है कि यदि वर्ण व्यवस्था हिंदुत्व की आत्मा है तो जाति व्यवस्था हिंदुत्व की देह। और आफ़िशियली देखना हो तो जाति का वर्चश्व जाति प्रमाण पत्र बनाने वाले विभाग में देखा जा सकता है। लगभग ८०० सालों तक मुसलमानों द्वारा हिंदुत्व प्रताड़ित और अपमानित होता रहा परंतु उसकी वर्ण व्यवस्था में कोई भी हस्तक्षेप करने का प्रयास इस्लाम मानने वालों ने नहीं किया बल्कि सनातन संस्कृति से जातिच्युत और धर्म भ्रष्ट लोगों को उसने इस्लाम में शामिल तो किया परंतु लगभग वही जाति गत दर्जा प्रदान किया। मतलब छेदीलाल सूराख अली हीं बने, शेख हसन या सैयद जावेद नहीं । इसलिए धर्म परिवर्तन के उपरांत भी जाति व्यवस्था के विरुद्ध रक्त में उबाल नहीं दिखा परंतु अंग्रेजों के आते हीं सबसे पहले हिंदू की जाति व्यवस्था में सबको ये पता चला कि इस वर्ण व्यवस्था का एक

उच्च वर्ग बाकी सारे निम्न वर्ग को प्रताड़ित करता है, सताता है , नीच मानता है और अछूत मानता है। और यह बात समझ आई सबसे पहले ईसाई राजा राममोहन राय को जो ब्रह्म समाज के घूंघट में अपने ईसाइयत के तत्व को बचाते रहे। उन्हें ही सती प्रथा नजर आई। इस प्रायोजित वर्ग-संघर्ष ने एक असंतोष को जन्म दिया जिसका इस्तेमाल पूरी सनातन संस्कृति के साथ बुद्धिजीवियों के माध्यम से किया गया। अर्द्ध-अंग्रेज़ों और अर्द्ध-सनातनियों ने इस पाट को और चौड़ा किया जिसमें अन्ततः मैकाले की शिक्षा पद्धति ने बाकायदा एक ऐसी खाई बना दी जिसका खामियाजा सनातन अनंत काल तक भुगतता रहेगा। लेखक का स्पष्ट विचार है कि जो भी व्यवस्था आजीविका प्रदान करेगी वहां पर ऊंच-नीच या छुआछूत अवश्य मिलेगा। और भारतीय जाति व्यवस्था वास्तव में सामाजिक प्रोफेशनल सेटअप है इसमें हर पैदा होने वाले बच्चे के साथ हीं उसके भरण-पोषण की व्यवस्था भी आजीविका के रूप में मिल जाती है। जाहिर सी बात है कि पुश्तैनी ज्ञान हर मनुष्य को उस काम में और भी दक्ष बनाता है इसीलिए गुण कर्म के आधार पर विभेदित वर्ण व्यवस्था जल्दी है जन्म आधारित जाति व्यवस्था बन गई। मनुस्मृति में मनु ने भी गुण कर्म के अनुसार ही वर्ण व्यवस्था की स्थापना की है परंतु लिखा है कि यदि जन्म से इसे मान लिया जाए तो शीघ्र ही मनुष्य का वर्गीकरण हो जाएगा अन्यथा उसे जन्म के बाद

१५ से २० सालों तक अपने अस्तित्व के लिए भटकना पड़ेगा। अब सवाल है कि असंतोष क्यों होता है... क्यों पनपता है। अगर पेट भरा हो और जरूरतों को पूरा करने के लायक धन भी पास में हो तो असंतोष आमतौर पर नहीं मन में पैठ नहीं बना पाता है परंतु यदि बेरोजगारी हो तो दैनंदिन जीवन में आने वाली कमी व्यक्ति को असंतुष्ट बना देती है। मैकाले की शिक्षा ने जन्म आधारित वर्ण व्यवस्था को आजीविका का आधार न बना कर , शिक्षा को आजीविका के लिए आधार बना दिया गया और इस शिक्षा पद्धति ने सबसे पहला चोट पहली चोट जाति व्यवस्था को पहुंचाई। सबने अपनी जवानी बर्बाद कर यह पता लगाया कि मैं यह भी कर सकता हूँ। इस पूरी शिक्षा व्यवस्था ने सिर्फ यह बताया कि आप क्या क्या कर सकते हैं और इस क्रम में आपकी सबसे अधिक क्रियाशील अदम्य, तेजस्वी और ओजस्वी जीवन के कालखंड को यही सोचने में बर्बाद कर दिया गया कि आपको क्या बनना है या आप वह बन सकते हैं जो इस जाति व्यवस्था ने आपको बनने नहीं दिया। जाति व्यवस्था के लिए इस अर्जित असंतोष का प्रतिफल यही होगा यह दरक जायेगी या टूटेगी परन्तु कोई नई व्यवस्था बन नहीं पाएगी क्योंकि पूरी कोशिश व्यवस्था को तोड़ने में लग चुकी होगी। हर चिंतनशील प्राणी अगर अपना सेटअप बनाएगा तो उसमें अपना स्थान सर्वोच्च रखेगा और अन्य को अपने से दोयम दर्ज़ा देगा। फिर उस सेट अप में दूसरे क्यों

आना चाहेंगे? इस तरह हर व्यक्ति अपनी अलग वर्ण व्यवस्था बनायेगा और अन्ततः नितान्त एकाकी रह जायेगा। अगर आपको विश्वास ना हो तो आरक्षण के बाद उच्च पद पर चयनित चयनित अ०जा० और अ०ज०जा या पिछड़ी कोटि के व्यक्ति आमतौर पर विवाह अपने समाज में नहीं करते हैं बल्कि वह समान आजीविका वाले अन्य जाति के सहकर्मियों के पुत्र पुत्रियों से अपना और अपने बच्चों का विवाह करवाना चाहता है या करवाता है। उसका समाज भी इसमें उसका साथ नहीं देता क्योंकि उच्च पद पर चयनित होने के बाद वह व्यक्ति अपने आपको अपने मूल समाज से थोड़ा विशिष्ट मानने लगता है फलतः उसे समाज के अन्य सदस्यों से थोड़ा सा अप्रत्यक्ष तिरस्कार ही सहना पड़ता है। अगर आप पता करें तो आपको पता चल जाएगा कि सिविल सर्विस में चयनित बहुत ही कम लोग अपनी शादी अपने समाज में करते हैं और अगर करते भी हैं तो वही जिनकी शादी चयन से पहले हो चुकी होती है।

मज़े की बात ये है कि शादी के लिये वर्ण व्यवस्था सब तोड़ना चाहते हैं पर श्राद्ध के लिये नहीं । श्राद्ध करवाने वाला पात्र वही मनुवादी ब्राह्मण चाहिये। क्यों नहीं बुलाते हैं अपने हीं समाज के किसी संस्कृत ज्ञाता को पर आरोप लगायेंगे कि पण्डित जी को शुद्ध संस्कृत का उच्चारण करना नहीं आता ।

हबीब के हेयर कटिंग सैलोन का फ्रेंचाइज़ी किसी मृतक के घर पर जाकर केश नहीं काट सकता भले हीं सीने और बगल के बाल सेव कर दे। मृतक देह के दाह संस्कार के लिये डोम की दी हुई आग हीं चाहिये ... किसी सवर्ण , अवर्ण या विवर्ण के घर से माचिस लेकर क्यूँ नहीं जाते? बेटे बेटियों की शादी किसी मन्दिर में या पण्डित के हाथों पूरे रीति रिवाज़ से करने के बदले किसी दरगाह या चर्च में क्यूँ नहीं करते।

बात दरअसल ये है कि जाति व्यवस्था का ढोंग हम सनातनियों दोगली मानसिकता परिणाम मात्र है। हम जाति के रास्ते आरक्षण भी चाहते हैं और साथ हीं चयन के बाद उस जाति से मुक्ति भी। इसी लोभ ने नाम से जाति सूचक शब्द हटा दिये।

जैसे एक व्यस्त व्यक्ति हीं आपके लिए समय निकाल सकता है उसी प्रकार अपनी जातिगत गरिमा से ओतप्रोत मस्तिष्क हीं एक सर्वश्रेष्ठ समाज का निर्माण कर सकता है।

हमारी आधुनिक शिक्षा सिर्फ प्रवासी मजदूर बना सकती है जबकि आज भी सम्यक रूप से स्वीकार्य वर्ण व्यवस्था या कहें जाति व्यवस्था हीं हर हाथ को रोजगार और हर पेट को रोटी दे सकती है।

सती प्रथा सच या एक प्रायोजित मिथ

आज लगभग लाखों लोग कोरोना से मर चुके हैं । क्या हम कह सकते हैं कि सन २०२० में विश्व में एक कुरीति कोरोना प्रथा थी?

लगभग हर रोज अनगिनत लोग आत्महत्या करते हैं । सुना तो ये भी जाता है कि किसी देश में डेथ ट्यूरिज़्म भी प्रचलित है जहाँ आप अपने मनचाहे तरीके से मौत चुन सकते हैं क्योंकि वहाँ यूथेनेसिया गैर कानूनी नहीं । परन्तु क्या हम कह सकते हैं कि विश्व में आज आत्महत्या प्रथा प्रचलित है ?

दुनियाँ में हर रोज इतने घोटाले सामने आ रहे हैं पर क्या हम कह सकते हैं कि आजकल हमारे देश या विश्व में आर्थिक घोटाला प्रथा चल रही है?

परन्तु हमारे स्यूडो दान्ते राय साहेब ने बेंटिक भैया को कहा कि सनातनियों / हिन्दुओं में सती प्रथा नामक कुरीति है (जबकि मेरा यकीन है कि राय साहेब ने बंगाल के बाद लंदन हीं देखा होगा भारत के बाकी हिस्से लंदन से लौट कर हीं देखा होगा या नहीं भी) और भैय्या जी ने पहले बंगाल फिर महाराष्ट्र

में सती प्रथा पर रोक लगा दी।

क्या १३५ करोड़ भारतीयों में कम से कम १ करोड़ लोग ये कह सकते हैं कि मेरे पूर्वजों में से कोई एक महिला सती हुई थी.? हरगिज नहीं . पर सती प्रथा है जबकि लगभग १ करोड़ लोग कोरोनाग्रस्त हैं पर WHO कोरोना प्रथा की घोषणा नहीं कर रहा है? आखिर क्यों ? जबकि अबतक एक धर्म के इतिहास में कानूनन लगभग एक करोड़ लोगों के साथ ये घटना हो चुकी होगी कि एक बार पति ने स्वेच्छा पत्नी परित्याग प्रक्रिया के बाद पछतावा करते हुए अगर उसी पत्नी के साथ रहने का निर्णय उस लिया तो उसे धर्माधिकारी के आदेशानुसार अपनी पत्नी किसी अन्य पुरुष के पास कायिक भोग के लिये छोड़नी होगी (कम से कम एक रात अधिक का कोई निर्धारंण नहीं ... ये सब आपसी श्रद्धा का विषय है) ... फिर (इस मानवीय दया से परिपूर्ण प्रक्रिया के बाद) दोनो एक साथ रह पायेंगे... पर ये कुप्रथा नहीं है। ये तो धार्मिक यम और नियम हैं पंच महाव्रत हैं। इस पर बात ना करें .... असहिष्णुता फैल जायेगी। गणित कहता हैं कि सत्य की खोज के लिये एक बार प्रचलित झूठ को मान लिया जाये । तो चलें ...एक बार इस नव दान्ते की बात मान ली जाये कि सती प्रथा भारत में प्रचलित थी और एक मर्द की लाश के साथ लगभग एक महिला (ज्यादा भी हो सकता है क्योंकि बहुविवाह / बाल विवाह भी प्रचलित था) हर रोज जीवित जलाई जा रही थी।

अब एक घर की कामना कीजिये कि घर का एक अधेड़ मर गया हो और उसकी पत्नी को भी साथ जलाने का सामाजिक त्योहार सामने हो। मतलब एक विमान तैय्यार किया जा रहा हो और एक भैंसा गाड़ी , बैल गाड़ी या रस्से के साथ पालकी क्योंकि एक जिन्दा औरत भी जलाने के लिये ले जाई जा रही होगी ।

और ये हर रोज का काम होगा आज इस गाँव तो कल उस गाँव। दादी नानी नाम का रिश्तेदार तो डायनासोर और आर्किओप्टेरिक्स हो गया होगा । क्या हँसी आ रही है या रोना आ रहा है? हँसिये या रोइये कोई फ़र्क नहीं पड़ता क्योंकि यह प्रथा है। रोज का मामला रहा होगा ना ? इसीलिये तो ब्रह्म समाज के पहले सिद्धार्थ का हृदय व्यथा से द्रवित हो गया होगा।

अगर हिन्दुओं में सती प्रथा प्रचलित थी तो ये कहावत गलत है क्या ... राँड , साँढ , सीढ़ी, संन्यासी .... । ये विधवायें बँची कैसे ... विलियम बेंटिक को घिस्सा देकर (साभार शिवानी , कथा शीर्षक सती) ।

मिथिला में विधवाओं के लिये सफ़ेद साड़ी पहनने का रिवाज है और उस साड़ी को शान्तिपुरी साड़ी कहते हैं और यह स्थान नदिया बंगाल में हीं है। क्या ये मज़ाक नहीं है कि एक कपड़ा निर्माता समूह सिर्फ़ भारत के अन्य प्रदेशों की विधवाओं के लिये सफ़ेद साड़ी बना रहा है कारण राय साहब के समाज में तो

कोई विधवा हो हीं नहीं सकती थी। .... सती भी आखिर कोई चीज़ है , है कि नहीं?

खैर भारत में सती शब्द का मूल प्रजापति दक्ष की बेटी सती थी पर वह पिता द्वारा पति के अपमान को न सह कर स्वयं पति के जीवित रहते हीं योगाग्नि में जल गई। महर्षि दधीचि की पत्नी के भी सती होने का जिक्र है। फिर त्रेता में सती सुलोचना का जिक्र है पर उसकी सास मन्दोदरी ने इस प्रथा का पालन नहीं किया। द्वापर में माद्री ने सती होने का निर्णय लिया , कुन्ती जीवित रही। कंस की पत्नियों ने भी सती होने की कोशिश नहीं की ।गीता के पहले अध्याय में अर्जुन की पूरी व्यथा पतिहीन स्त्रियों के व्यभिचार के कारण उत्पन्न वर्णसंकर सन्तानों की उत्पत्ति और उस कारण श्राद्ध और पिण्डोदक क्रिया के नाश होने को लेकर है। श्री कृष्ण ने भी तीन तेरह सुना कर अर्जुन के मुख्य सवाल को इग्नोर हीं किया । खैर कारण तो वही जानें पर अगर सती होना परम्परा होती तो अर्जुन का विषाद व्यर्थ था। इधर पति मरा उधर पत्नी सती । फिर कैसा व्यभिचार कैसी वर्ण संकरता? इसके अलावा लाखों सैनिक मरे पर किसी स्त्री ने अपने पति की मृत देह के साथ सती बनने की कोशिश नहीं की। मतलब यह प्रथा नहीं थी बस इक्का दुक्का घटने वाली विरल (रेयरेस्ट आफ़ दि रेयर) घटना थी।

कलियुग में ५१० ई० के एरण अभिलेख में राजा भानुगुप्त के

अमात्य गोपराज के युद्ध में वीरगति के बाद उसकी पत्नी ने सती होने का निर्णय लिया। इसके बाद की सारी सती / जौहर की घटनायें मुगल आक्रमण काल की हैं जिसमें पराजय की स्थिति में आक्रमणकारियों के द्वारा अपने मृत शरीर के साथ किसी प्रकार के यौन व्यभिचार को न होने देने के संकल्प ने हीं इस विरल घटना को जन्म दिया (अधिक जानकारी के लिये नैक्रोफ़ीलिया को इन्टरनेट पर तलाशें)। अत्यधिक प्रेम के कारण पति के निधन के बाद पत्नी के स्वतः प्राण त्याग को सती हो जाने की घटना को सतीत्व का प्रमाण मान लेने के कारण यह बात श्रद्धेय हो गई हो या जौहर जैसे भीषण त्याग के कारण सती को देवी की तुलना मिल गई हो तो कोई आश्चर्य नहीं होना चाहिये पर सती प्रथा के रूप में प्रचलित थी मुझे इसका कोई प्रमाण नहीं मिलता। कनिंघम के चेलों के कुछ रेखाचित्र भी सती की घटना पर बनाये हों तो अलग बात है।

अब चलें भारत के दिल की बात अग्नि पुराण और पराशर संहिता की ओर जहाँ लिखा गया है कि –

नष्टे मृते प्रव्रजिते क्लीवे च पतिते पतौ।

पंचस्वापत्सु नारीणाम् पतिरन्योविधीयते ॥

अर्थात् पति के नष्ट हो जाने (खो जाने) , मर जाने, संन्यासी होने , नपुंसक होने तथा पतित होने की अवस्था में उसकी पत्नी का दूसरा विवाह होना चाहिये।

अगर सती होना परम्परा होती तो ऋषि पराशर को दूसरे

विवाह की बात कहने की जरूरत हीं नहीं थी।

एक और बात यदि सती प्रथा होती तो लोहित स्मृति में विधवाओं के प्रकार नहीं दिये गये होते –

दुर्भगा कुटिला काष्ठा चरमा चटुला वशा

वीररण्डा कुण्डरण्डावाधारण्डा तथापरा

दशानामपि चैतासां दशमाद्वात्परम् तथा ॥

अब श्राद्धादिक नियमो पर ध्यान दें तो कहा गया है कि पुरुष के मरने पर मुखाग्नि देने की परम्परा में कहा गया है कि "पुत्राभावे पत्नी स्यात् तदभावे सहोदरः" अर्थात् अगर मृतक पुरुष का पुत्र ना हो तो पत्नी मुखाग्नि दे और पत्नी के भी ना रहने पर सहोदर भाई। अब इस परिस्थिति में पत्नी मुखाग्नि दे या सती हो, सोचिये ?

अब प्राचीन भारत से आधुनिक भारत तक सती यानी पति के मृत देह के साथ अपना देह भी आग में जला देने की घटना लगभग बहुत कम है। फिर इसे एक प्रथा के रूप में प्रचारित या प्रसारित करने के पीछे राय साहब की सोच अपने स्थापित नये सम्प्रदाय ब्रह्म समाज में सदस्य बढ़ाने से अधिक कुछ नहीं था।

पति की मृत्यु होने पर पति के मृत देह के साथ स्वयं अग्नि स्नान कर लेना एक अनूठी घटना हो सकती है, पति के मृत्यु

सुनने के बाद पत्नी का सहज प्राण त्याग प्रेम की पराकाष्ठा हो सकती है या अपनी वैधव्य की स्थिति में असहायता की भावी आशंका में पति की चिता के साथ स्वतः जल जाना एक अवसादग्रस्त करने वाली घटना हो सकती है पर इन घटनाओं के आधार पर आप यकीनी तौर पर भले ना कह सकें पर आपको इस बात पर शक तो हो हीं जायेगा कि सनातन धर्म में सती प्रथा थी भी या नहीं।

जाति एक अक्षुण्ण तत्व है

आजकल हिंदू , हिंदूवादी, हिंदुत्व और हिंदुत्ववादियों का बड़ा घालमेल चल रहा है। एक दतात्रेय वंशी पारसी हिंदू और हिंदुत्व का अंतर समझा रहा है और क्यूट हिंदू चुनावी तालियां बजा रहा है । आर एस एस ने हिंदुत्व का जिम्मा ले रखा है। बुद्धिजीवी सनातनी घर वापसी को प्रोत्साहित कर रहे हैं। अन्य संप्रदायवादी भी हिंदू के डीएनए को अपने संप्रदाय में खींच रहे हैं कोई प्रगतिशीलता के नाम पर , कोई मनुवाद के नाम पर, कोई ब्राह्मणों के अत्याचार के नाम पर सब के सब हिंदू संततियों को मुसलमान ,ईसाई ,बौद्ध जैन या सिख आदि बना रहे हैं और पढ़े-लिखे बुद्धिजीवी हिंदू या एक पखवाड़े तक फाकाकशी कर रहा जनजातीय वनवासी असनातनी मतों में अपने आप को इनरोल कर रहा है और हिंदुओं की संख्या घट रही है।

एक टीवी का एंकर यह कहता है कि मुसलमानों की संख्या बढ़ जाएगी तो क्या होगा? परंतु किसी ने उस एंकर से यह नहीं पूछा कि पूरे अरब देशों में किससे मूसा ने लड़ाई लड़ी ?

और हजरत मोहम्मद ने किसके विरोध इस्लाम को स्थापित किया अगर वहां कोई और धर्म नहीं था इन कामों की जरूरत क्या थी? किस से डर था मूसा को किसने हिजरत करवाई हजरत से। और उस आसमानी परवरदिगार खुदा को हजरत मूसा और हजरत मोहम्मद को आसमानी किताब क्यों सौंपनी पड़ी ... और उन मूसा, ईसा और मुहम्मद के विरोधियों के जीवाश्म या डीएनए भी इन इलाकों में क्यों नहीं मिलते? उस एंकर के पास इसका कोई जवाब नहीं होगा।

खैर वो तो सदियों पुरानी बात है। मैं पूछ रहा हूं कि पाकिस्तान , बांग्लादेश और अफगानिस्तान के हिंदू और सिख कहां गायब हो गए?

आबादी कैसे घट गई?

क्या सारे मर्द नपुंसक हो गए या औरतें बांझ हो गईं?

कुछ तो वजह रही होगी। या हिंदू परिवारों ने यूथिनिसिया का प्रयोग किया था या संथारा ले लिया?

वजह तो एक ही है कि मुसलमान बढ़े तो हिंदू घटे।

साम्यवादी एंकर साहब , इसे कंजर्वेशन ऑफ पॉपुलेशन कहते हैं।

जिनके भाई-बंद शाहीन बाग में अल्लाह हू अकबर कहते नहीं थकते थे और बिरयानी खिला रहे थे आज उन्हीं के वंशज सिर पर गुरु ग्रंथ साहब लेकर अफगानिस्तान से भागकर भारत आ गये।

अगर यहां हिंदू अधिक ना होते तो यहां भी नहीं भाग कर आ पाते। कनाडा के खालिस्तानी बंधुओं ने भी कुछ नहीं किया।

तो मुझे लगता है कि उस वामपंथी और क्रेडिट जीबी न्यूज़ एंकर को यह पता चल गया होगा मुसलमान के बढ़ने से क्या होता है पर वह मानेगा नहीं?

क्यों माने क्योंकि जब वह घर पर होता है तो छठ का दौरा सिर पर लेकर चलता है।

उसकी यह सेकुलरी बाजीगरी उसके रोजगार का हिस्सा है जिससे वह रोटी कमा रहा है।

पर मेरी समस्या यह है कि हिंदूवादी या हिंदुत्ववादी भाड़ में जाएँ दोनों क्योंकि ये सब एक जाति विहीन वर्णसंकर समाज की कल्पना में डूबे हुए यूटोपिया वादी हैं जो अगर संभव हुआ तो यहां पर वर्णसंकरों की भीड़ होगी और हर बाप यही कहेगा अपनी बेटियों से "जा सिमरन जी ले अपनी जिंदगी"।

जाति ने हीं हिंदू व्यवस्था को संभाल रखा है इधर जाति खत्म उधर हिंदू खत्म।

आर एस एस के फेसबुकिए सिपहसालार और विश्व हिंदू परिषद के अकर्मण्य ट्विटर वीर मेरी बात से कभी भी सहमति नहीं रख सकते हैं परंतु उनके लिए मैं भारतीय कानून संहिता के एक अनुयायी अर्थात जज का बयान पेश कर रहा हूं जिसने कहा है कि धर्म बदलने से जाति नहीं बदलती।

समीर वानखेडे आपके सामने हैं । वह कभी समीर दाऊद

वानखेड़े बनता है कभी समीर वानखेड़े बनता है पर आरक्षण का लाभ नहीं छोड़ता।

हिंदुत्व के बुद्धिजीवी ठेकेदार जो अक्सर ट्विटर और फेसबुक पर जो जाति विहीन समाज की हिमायत करते रहते हैं उनसे कहना चाहता हूँ कि जब जाति के आधार पर घर के लिए अनुदान मिला रहा है, जाति के आधार पर नौकरियां मिल रही हैं, जाति के आधार पर शिक्षण संस्थाओं और नौकरियों में भी में प्रवेश मिल रहा है, उस हिंदू की जाति व्यवस्था को नकार कर एक वर्ग विहीन समाज बनाने का यूटोपिया एक मजाक नहीं तो और क्या है?

सारे प्रोफेशनल इस बात को स्वीकार करेंगे कि जहां भी एक रोजगार देने वाली व्यवस्था उत्पन्न होती है वहां पर तुरंत एक जाति व्यवस्था बन जाती है। ऐसे देश में आप एक जाति विहीन सनातन धर्म की कल्पना करते हैं तो मेरा मानना है कि ऐसे सारे विचारक चिंतक मनीषी और बुद्धिजीवी वास्तव में एक क्यूट प्राणी है।

फेसबुक के लेखन में अक्सर आंकड़ों से बचना बेहतर है क्योंकि ये सारे नेट पर उपलब्ध हैं और पढ़ने में बोरियत भरे होते हैं। जिस किसी को भी जाति विहीन समाज की कल्पना सार्थक लगती हो तो वह उस जज के खिलाफ पीआईएल दायर करे, उसे इस लेखक का समर्थन जरूर मिलेगा।

परंतु मुझे पता है कि फेसबुक, व्हाट्सएप और ट्विटर पर

जहरीली बयानबाजी करने वाले बयान वीर हिंदूवादी , हिंदुत्वजीबी और हिंदूजीवी जो धर्म के लिए कुछ करना नहीं चाहते बल्कि उन्हें यह जाति विहीन समाज इसलिए चाहिए क्योंकि बगल के अपार्टमेंट में रहने वाली खूबसूरत कामयाब लड़की या लड़का जो सामान्यतया उनके जाति की नहीं होगी या होगा , उनकी बहू या दामाद बन जाए । और भारतीय संविधान के अनुरूप उनके वंशजों को सारी सरकारी सुविधाएं उसी जाति के अनुरूप मिलती रहे।

परंतु एक जज का बयान कि धर्म बदलने से जाति नहीं बदलती, यह साबित कर देता है कि जाति विहीन समाज की कल्पना एक संवैधानिक दोगलई है।

भारतीय जातीय दुर्दशा के सेल्फ़ी खींचू लेखक प्रेमचन्द

राष्ट्रकवि मैथिली शरण गुप्त की एक कविता है कि -

केवल मनोरंजन न कवि का कर्म होना चाहिये,

उसमें उचित उपदेश का भी मर्म होना चाहिये॥

पर जब भी आप लेखक प्रेमचन्द को इस कसौटी पर आँकेंगे तो इस आलेख का शीर्षक मूर्त हो उठेगा। आज उनकी जयन्ती है और हर ओर प्रिन्ट और दृश्य श्रव्य मीडिया में उनके व्यक्तित्व और कृतित्व की रेलम पेल होगी। इन्हें ग्रामीण भारत का चितेरा, दलितों और शोषितों की आवाज़ और कलम का सिपाही क्यों कहा जाता है यह आलेख इस पर एक बड़ा प्रश्न चिहन लगाता है।

इनकी रचनाओं के गाँव का ब्राह्मण और ठाकुर सुबह सुबह अपना नित्य कर्म करके अपने माता पिता की देख भाल करता है या नहीं, ये तो इन्हें नहीं पता पर किसी दलित , अछूत या किसान की मिट्टी पलीद करने अवश्य चला जाता है। यूँ तो इनकी कहानियों में पण्डित अलोपीदीन के अलावा कोई अमीर

ब्राह्मण नहीं चित्रित हुआ है पर सारे ब्राह्मण धनखेंचू दिखाये गये हैं। पर इतना धन चूसने के बाद तब के ब्राह्मण अमीर क्यों नहीं हुए ... इस पर इनकी लेखिनी थम जाती है जब कि -

१. 'विध्वंस' कहानी में पंडित उदयभान एक संतानहीन विधवा वृद्धा गोंड़िन भुनगी का भाड़ केवल अपनी हनक बनाए रखने के लिए तोड़ देते हैं और उसकी बटोरी हुई पत्तियों में आग लगवा देते हैं।

२. 'सद्गति' कहानी में दुखी चमार पं. घासीराम के दरवाज़े पर लकड़ी चीरते-चीरते दम तोड़ देता है।

३. 'सवा सेर गेहूँ' के किसान शंकर कुरमी को अगली पीढ़ी तक बर्बाद करनेवाले 'विप्र महाराज' हैं।

४. 'बाबाजी का भोग' के रामधन अहीर से गरीबी में भी घी मंगवा लेनेवाला एक 'साधू' है।

५. 'नेउर' कहानी में एक 'बाबाजी' हैं, जिनके हाव-भाव और क्रिया-कलाप ब्राह्मणों की तरह के हैं।

६. कहानी 'मुक्ति-मार्ग' में झींगुर जब षड्यंत्र रचता है तब वह बुद्धू को गो-हत्या के झूठे मामले में फँसाता है. इस मामले में मौका मिलता है गाँव के ब्राह्मणों को और वे बुद्धू से धर्म के नाम पर इतनी राशि दंड के रूप में वसूलते हैं कि वह अंततः निर्धन होकर मजदूर बन जाता है।

कई उदाहरण है इस प्रकार के पर ब्राह्मण अमीर नहीं बन पा रहा है जबकि ब्राह्मण को घृणित दिखाने की एक भी कोशिश

लेखन में प्रेमचन्द जी ने नहीं छोड़ी है।

कहानी नमक का दारोगा में अलोपीदीन को अगर ब्राह्मण ना भी दिखलाया जाता तो कोई हर्ज़ नहीं था पर ब्राह्मण के प्रति एक पैदायशी ईर्ष्या इनके लेखन का अभिन्न भाग है और अपनी एक मात्र आशावादिता पूर्ण कहानी में ये मात्र यही दिखाते हैं कि दारोगा की नौकरी से पदच्युत होकर वंशीधर उसी बेईमान ब्राह्मण के यहाँ अधिक पगार पर नौकरी कर लेता है। आगे ये ईमानदार दारोगा उनके फ़र्ज़ी कामों में कितनी ईमानदारी से लगा रहा ये बात सीधे गोल कर जाते हैं।

कहानी " बड़े घर की बेटी में ठाकुर साहब का छोटा बेटा अपनी भाभी के मायके की खिल्ली उड़ाता हुआ कहता है कि " वे अगर बड़े घर की बेटी हैं तो हम भी कोई कुर्मी कहार नहीं हैं।"

जाति निन्दा के स्वर 'मुक्ति-मार्ग' में भी दिखता है जब झींगुर महतो कहता है, "मुझे कोई चूहड़-चमार समझ लिया है?" झींगुर को अपने 'महतो' होने का अभिमान है और वह दलित जातियों के नाम अपमानजनक तरीके से उच्चारण कर के अपनी श्रेष्ठता को प्रकट करता है। पिछड़ी जातियाँ जो किसान के रूप में मानवीय हैं, दलितों के प्रसंग में अमानवीय हैं।

कहानियों का लक्ष्य कुछ और है पर ये उदाहरण जाति निन्दा कर क्या विद्वेष बढ़ाने वाला नहीं है?

इन कहानियों में प्रेमचंद के मन में किसानों के प्रति बेहद सम्मान का भाव है. वे उसकी दुर्दशाओं का चित्रण करने के क्रम

में या उसकी कमियों को बताने के क्रम में अपनी गहरी संवेदना के साथ सम्मान का भाव बनाए रखते हैं. पर ये भी एक आश्चर्यजनक बात है कि एक भी किसान सवर्ण, उच्च जाति का या अछूत नहीं है। सब के सब किसान सिर्फ़ पिछड़ी जातियों के मालूम पड़ते हैं। सारे अगड़े, पिछड़ों से ठगकर, लूट कर या छीन कर और अछूत माँग कर काम चलाते हैं।

दलितों शोषितों का लेखक अगर इन्हें माना जाये तो एक बार कहानी कफ़न पर निगाह डाली जाये। इन्होंने दलित शोषित को घृणित दिखाने में कोई कसर नहीं छोड़ी। अन्दर लाश पड़ी हो पर बाप बेटे के द्वारा कफ़न के पैसे से की गई अय्याशी आपको व्यथित करेगी और इन गरीबों के प्रति आपके मन में करुणा को शुष्क कर देगी।

ईदगाह में हामिद के चरित्र को ऊपर उठाने के क्रम में एक बच्चे द्वारा अपने पुलिस मामा की घूसखोरी की चर्चा शायद थोड़ी बहुत हास्योत्पत्ति कर रही हो पर लगभग गैर ज़रूरी है । क्योंकि यह आम इन्सान में पुलिस के लिप्सापूर्ण चरित्र का शक तो डाल हीं देती है।

प्रेमचंद बताते हैं कि हिन्दूवाद वस्तुतः ब्राह्मणवाद का ही एक रूप है पर मौलवी साहब पर एक भी लांछन उनकी कलम से नहीं लगा है।

इनकी रचनाएँ अम्बेदकर से पहले हीं जातिवादी वैमनस्य का बीज बोये जाने के लिये उत्तरदायी मानी जा सकती हैं।

हरि अनन्त हरि कथा अनन्ता की तर्ज़ पर लेखक अपनी अल्पज्ञता के करण प्रेमचन्द जी के उपन्यासों पर नज़र नहीं मार पाया पर मेरा यकीन है कि उनका मूलभूत लक्ष्य अपनी कहानी के लिये प्लाट तलाशना है न कि उसका यथाशक्ति उपचार खोजना। निराला ने आजीवन अपना नया दुशाला किसी निर्धन को कई बार दिया पर क्या ऐसा कोई प्रकरण इनके लिये आपके पास है?

एक गिद्ध और मरणासन्न बालक / बालिका की फोटो बड़ी चर्चित थी और उसके फोटोग्राफ़र भी, मुझे प्रेमचन्द उसी प्रकार के फोटो जुगाड़ू दिखते हैं जो कैमरे की लेन्स के बदले कलम की रोशनाई का इस्तेमाल करते हैं और जैसे वह फोटोग्राफ़र बच्चे को बचाता है या नहीं पता नहीं उसी प्रकार ये भी समाज में शक , संदेह और वैमनस्यता के बीज बोकर अगले प्लाट की तरफ़ बढ़ जाते हैं।

हिन्दू कोड बिल सनातन संस्कृति में सिर्फ़ तलाक शब्द आयातित करने की कोशिश।

चाहे आज की युवापीढ़ी माने या ना माने पर हिन्दुत्व की ठुकाई उसी दिन निर्धारित हो गई थी जिस दिन साम्प्रदायिक आधार पर बँटे आर्यावर्त का एक टुकड़ा पाकिस्तान (इस्लामिक राष्ट्र) और दूसरा भारत दैट इस इण्डिया (सेक्यूलर)। मतलब ऐसे अंकल जी जो मुसीबत में हों तो आप उनको रुपयों पैसों से मदद करें और जब उनके पास पैसे हों तो वे आप से पैसे नहीं माँगेंगे (पर लिया हुआ उधार लौटाने की बात तो बस जय जय)।

अम्बेदकर और नेहरू ने आज़ादी से पहले हीं १९४७ में फ़रबरी से अप्रिल के बीच एक हिन्दू कोड बिल संविधान सभा के सामने रखा जिसमें विवाह की न्यूनतम आयु, परिवार की विधवाओं, बेटियों आदि यानी महिलाओं को भी पिता की सम्पत्ति में अधिकार , हिन्दू पुरुषों के लिये एक से अधिक विवाह का निषेध, विभिन्न दैहिक सामाजिक आर्थिक और

वैचारिक कारणों से तलाक लेने का अधिकार और किसी भी जाति / समाज से बच्चे/गोद लेने का अधिकार आदि का जिक्र था ।

हालांकि प्रधानमंत्री नेहरू इस बिल को पारित करवाना चाह रहे थे, लेकिन तमाम विरोध और पहले आम चुनाव नजदीक होने के चलते वह इसे टाल गए। गौरतलब है कि फरवरी 1949 को संविधान सभा की बैठक में नेहरू ने कहा था, 'इस कानून को हम इतनी अहमियत देते हैं कि हमारी सरकार बिना इसे पास कराए सत्ता में रह ही नहीं सकती।'

वहीं आंबेडकर हिंदू कोड बिल पारित करवाने को लेकर काफी चिंतित थे। वे कहते थे, 'मुझे भारतीय संविधान के निर्माण से अधिक दिलचस्पी और खुशी हिंदू कोड बिल पास कराने में है।' लेकिन यह बिल उस समय पारित नहीं हो सका। आंबेडकर ने हिंदू कोड बिल समेत अन्य मुद्दों को लेकर कानून मंत्री के पद से इस्तीफा दे दिया।

इसके अलावा 1956 में ही हिंदू उत्तराधिकार अधिनियम, हिंदू दत्तक ग्रहण और पोषण अधिनियम और हिंदू अवयस्कता और संरक्षकता अधिनियम लागू हुए। ये सभी कानून महिलाओं को समाज में बराबरी का दर्जा देने के लिए लाए गये थे। इसके तहत पहली बार महिलाओं को संपत्ति में अधिकार दिया गया। लड़कियों को गोद लेने पर जोर दिया गया।

इन बातों का हिन्दू संगठनों ने विरोध किया जिसके पुरोधा बने

स्वामी हरिहरानन्द प्रसिद्ध करपात्री जी महाराज। राष्ट्रीय स्वयंसेवक संघ और हिन्दू महा सभा ने भी इस का विरोध किया था।

जबकि इसी बात पर 'इंडिया आफ्टर गांधी' में रामचंद्र गुहा लिखते हैं कि जवाहरलाल नेहरू और डॉ भीमराव अंबेडकर हिंदुस्तान में यूनिफार्म सिविल कोड यानी समान नागरिक संहिता लागू करवाना चाहते थे। जब इस मुद्दे पर बहस छिड़ी तो संविधान समिति लगभग बिखर ही गयी।

सबसे ज़्यादा प्रतिरोध मुस्लिम लीग के सदस्यों ने किया। उनकी दलील थी कि जब पिछले 200 सालों से अंग्रेजों ने ऐसी कोई हिमाक़त नहीं की तो अब इसकी क्या ज़रूरत है। एक मुस्लिम सदस्य ने दलील दी कि उनके यहां शादियां, तलाक, जायदाद आदि बातों पर फ़ैसले शरियत के मुताबिक़ लिए जाते हैं और जो मुद्दे बहुसंख्यकों पर लागू होते हैं, अल्पसंख्यकों पर लागू नहीं किये जा सकते। कुछ ने कहा कि यूनिफार्म सिविल कोड लगाने का यह सही वक़्त नहीं है।

इसके उलट अंबेडकर, कन्हैयालाल माणिक लाल मुंशी और कृष्णस्वामी अय्यर ने इसकी पैरवी की। उनका मानना था कि पर्सनल लॉ देश को आगे नहीं ले जा पाएंगे। लेकिन बात बनती न देख अंबेडकर ने प्रस्ताव दिया कि इस पर आम सहमति से आगे बढ़ा जाए। उन्होंने आश्वासन भी दिया कि समान नागरिक संहिता बनेगी पर तब भी इसे जबरन लोगों पर लादा

नहीं जाएगा। कुल मिलाकर बात यह हुई कि मुस्लिम समुदाय के रहनुमाओं ने समाज को इससे दूर कर दिया।

कहा तो ये भी जाता है कि डॉ० राजेन्द्र प्रसाद इस बिल के विरोध में थे पर सरदार पटेल ने समझाया कि आने वाले राष्ट्रपति के चयन के समय सी० राजगोपालाचारी भी एक उम्मीदवार हो सकते हैं इस लिये नेहरू गुट से मतभेद उचित नहीं और संविधान सभा के अन्य सदस्यों से उन्हें ये भी पता चला कि... प्रधानमन्त्री की शक्तियाँ राष्ट्रपति से अधिक होंगी तो उन्होंने भी बाद में मौन साध लिया।

चूँकि मुस्लिम नेताओं एक मत से समान आचार संहिता का विरोध किया जबकि हिन्दुओं से इक्के दुक्के इस लिये नतीजा यह हुआ कि हिंदू कोड बिल प्रस्तावित किया गया। सिक्ख, जैन और बौद्ध धर्म मानने वालों को भी इसकी परिधि में लाया गया। यह आज भी एक बहस का मुद्दा है।

संविधान के 44वें अनुच्छेद के साथ भी ऐसा हुआ है। इसमें कहा गया है, 'राज्य भारत के सम्पूर्ण राज्यक्षेत्र में नागरिकों के लिए एक समान सिविल संहिता प्राप्त कराने का प्रयास करेगा। इसी के आलोक में नेहरू ने देश के पहले लोकसभा चुनाव के बाद हिंदू कोड बिल को कई हिस्सों में तोड़ दिया। जिसके बाद 1955 में हिंदू मैरिज एक्ट बनाया गया जिसके तहत तलाक को कानूनी दर्जा, अलग-अलग जातियों के स्त्री-पुरुष को एक-दूसरे से विवाह का अधिकार और एक बार में एक से ज्यादा शादी को

गैरकानूनी घोषित कर दिया गया। इसके अलावा 1956 में ही हिंदू उत्तराधिकार अधिनियम, हिंदू दत्तक ग्रहण और पोषण अधिनियम और हिंदू अवयस्कता और संरक्षकता अधिनियम लागू हुए।

इसका सब से बड़ा फ़ायदा ये हुआ कि इस्लामी अब्बा भी नाराज़ नहीं हुए और अर्द्ध अंग्रेज़ हिन्दू चाहकर भी इसका विरोध नहीं कर पाये क्योंकि मैकाले की शिक्षा का सबसे बड़ा लक्ष्य अपनी विरासत के प्रति अपमानबोध, घृणा और निराशा का भाव जगाना था और हिन्दू सारे के सारे या तो शिक्षित थे या साम्प्रदायिक।

साम्प्रदायिकों का तो जिक्र हीं क्या करना मोदी युद तक आते आते ये सब भक्त हो चुके हैं पर शिक्षितों को ये अब तक पता नहीं चल पाया कि हिन्दुओं में एक से अधिक शादी कानूनन अपराध क्यों और इस्लाम में चार शादियाँ किसी का हक़ कैसे।

हिन्दू बिल भी एक तरह से संविधान के ४४ वें अनुच्छेद के मुस्लिम तुष्टिकरणीय स्वरुप हीं था जिसमें क्यूट शिक्षित हिन्दू को थोड़ा और क्यूट बना दिया गया और तीन चौथाई आबादी को समान आचार संहिता के अन्दर भी ले आये।

आपको याद हो कि संविधान के जिस पन्ने में सिख भी हिन्दू हीं हैं वाला वाक्य लिखा उसे फ़ाड़ते हुए सिख नेता १९८३-८४ के दौरान दिखाई दिये। शायद उन्हें नेहरू का काइयाँपन दिख गया था।

और चिन्तित ना हों कभी ना कभी बौद्ध और जैन भी यही कोशिश करेंगे।

आखिर सोचिये कि -

१. हिन्दुओं में पुरुषों का बहु विवाह कब सर्वप्रचलित था जबकि मुसलमानों में तो ये शरीअत में मिला हक है। आज भी कई हिन्दू अभिनेता मुस्लिम बन कर दो दो पत्नियाँ रख रहे हैं। अगर एक से अधिक पत्नी रखना सिर्फ़ हिन्दू कोड नहीं बल्कि आम इन्सान के लिये भी गुनाह होना चाहिये था पर क्या हुआ सोचिये।

२. झाँसी की रानी का एक दत्तक पुत्र था जिसका झाँसी पर अधिकार लार्ड कार्नवालिस ने नहीं माना और इसके लिये एक कानून भी बनाय गया था। अब हिन्दू दत्तक अधिनियन अगर हिन्दू कोड का परिणाम था फिर कार्नवालिस को ये नियम क्यों बनाना पड़ा कि अगर राजा निःसन्तान हो तो उसका राज्य ब्रिटिश सरकार के अधीन होगा, कोई भी दत्तक पुत्र उसका स्वाभाविक अधिकारी नहीं बन सकता है। मतलब दत्तक पुत्र का प्रावधान था। महाभारत काल में आठ प्रकार के पुत्रों में दत्तक पुत्र का भी उल्लेख है...उसमें तो विवाह से अहले अन्य पुरुष से उत्पन्न शिशु को भी अपना पुत्र मानने का अधिकार है।

फिर ये हिन्दू दत्तक ग्रहण कानून चूँ चूँ का मुरब्बा नहीं तो और क्या है?

३. क्या किसी भी नेहरू समर्थक के पास एक ऐसा उदाहरण है जिसमें किसी विधवा को उसके पति धन से महरूम रखा गया हो? और अगर नहीं तो फिर हिंदू अवयस्कता और संरक्षकता अधिनियम और हिंदू उत्तराधिकार अधिनियम क्या बला है?

४. बस एक उपलब्धि कही जा सकती है कि तलाक शब्द जिसका समानार्थी संस्कृत या हिन्दी में नहीं रहा उस शब्द को हिन्दुत्व से भी चिपटा दिया गया। सात जन्मों का बन्धन चार पल का रिश्ता कैसे बन सकता है ये बता दिया गया।

अगर कोई समान आचार संहिता लागू ना की जाये तो ये हिन्दू कोड बिल नेहरू युग में मिला हुआ अप्रत्यक्ष अल्पसंख्यक तुष्टिकरण ही था जिसमें असंगठित और आत्ममुग्ध हिन्दू फँस गये, शरीयत बेलाग बँच गई और समान आचार संहिता ७५% आबादी पर लागू भी हो गई । ये बिल हिन्दुओं के लिये "एक रिइन्वेण्टिंग दि व्हील" से अधिक कुछ ना था बस तलाक के अधिकार को छोड़ कर । वह तलाक शब्द भारतीय जीवन शैली में उसी प्रकार आयातित हो गया जैसे एड्स का वायरस।....मज़े की बात कि शिक्षित सेक्यूलर और बुद्धिजीवी तबका खुश था एक संवैधानिक छलावे को पाकर।

कसक

एक सनातनी के रूप में मैं असमर्थ हूँ और अक्षम भी क्योंकि जो मार्ग मुझे दिखता है उसके योग्य नहीं हूँ और जो सनातन के जो मानदंड आंशिक सनातनियों ने बना रखा है वह मुझे किंचित सनातन विरोधी हीं लगता है। दरअसल हमारी सारी सोच इस सोच पर टिकी है कि मैकाले की समाजभंजक शिक्षा नीति और अपने पुरातन शिक्षा व्यवस्था को एक साथ चलाने की बात कैसे संभव बनाई जाए । एक नीति ने हमारी सामाजिक प्रोफेशनल सेटअप को तोड़ कर रख दिया और समाज को सवर्ण यानी शोषक और दलित दो टुकड़ों में बांट दिया है। लगभग वही द्वेष पैदा कर दिया है जो पूंजीपतियों और मजदूर तबके में है। जो श्रमिक या श्रमजीवी वर्ग था उसे अपने श्रम शक्ति पर गर्व करने के बदले उस के माथे पर दलित का ठप्पा लगा दिया गया और और समाज के ज्ञानजीवी, बौद्धिक और चिंतक वर्ग को शौर्यजीवी क्षत्रियों के साथ उत्पीड़क के रूप में चर्चित कर दिया गया जबकि इन दोनों समुदायों के पास धन अर्जन की कोई व्यवस्था नहीं रखी

गई। धन अर्जन की सारी शक्ति या तो पूंजी के पास होती है जो वह वैश्य के पास था या फिर मेहनतकश कारीगरों शिल्पियों और श्रमिकों के पास।

नयी शिक्षा व्यवस्था ने शिक्षा को परिवर्तन के प्रकाश के रूप में रेखांकित किया और जो ज्ञान आत्मोत्थान के लिये था वह व्यक्ति के निजी उत्थान का वाहक बन कर रह गया। इन कृत्रिम अवसरों की सीमित संख्या ने समाज में प्रतिस्पर्धा उत्पन्न की जिसने असफलता के उपरान्त व्यक्ति समूहों में सामुदायिक नफ़रत को पैदा करना शुरू कर दिया।अब यह नफरत इतनी ऊंची हो गई है कि पूरा समाज चार वर्ण के बदले सामान्य श्रेणी, अनुसूचित जाति , अनुसूचित जनजाति , पिछड़ा वर्ग , अत्यन्त पिछड़ा वर्ग, आर्थिक रूप से पिछड़ा वर्ग, उसमें भी क्रीमी लेयर, अछूत , महादलित , माइनॉरिटी आदि ८ से १० फ़िरकों में बँट गया जिसमें सामान्य वर्ग आततायी और शोषक मान लिया गया है और अन्य सारे अनुसूचित जाति जनजाति अछूत दलित महादलित आदि शोषित मान लिए गए।

एक घटना उल्लेखनीय होगी कि एक बार पिछड़ी जाति की सूची से बिहार सरकार ने एक जाति को उसकी प्रगति के आधार पर बाहर निकाला तो उस खास जाति के लोगों ने विरोध में सचिवालय के शीशे फोड़ दिए कि हम बैकवर्ड कास्ट के थे और आज तक बैक वर्ड हीं हैं। हमें सूची से ना निकाला

जाये। हर राज्य की ऐसी एक कहानी ज़रूर होगी अगर आरक्षण है तो।

मजे की बात है दलित वर्ग का व्यक्ति मंदिर का पुजारी होना चाहता है परंतु किसी भी अन्य दलित के यहां श्राद्ध कर्म करवाने के लिए तैयार नहीं है। अल्पसंख्यकों का एक धड़ा हेयर कटिंग सैलून का फ्रेंचाइजी ले रहा है लेकिन हिंदुओं के परिवार में किसी के निधन होने पर उसके बाल काटने जाना नहीं चाहता। मतलब यह जाति भेद अंततः सुविधाभोगिता का ही प्रमाण पत्र है और इस आरक्षण का आधार तो जाति हीं है । जब जाति को आधार बनाकर सरकार सुविधाएं बांट रही है तो फिर कोई भी उस जाति की सूची से बाहर क्यों होना चाहेगा ?

अब हिन्दुत्व या सनातन के आगे ये प्रश्न है कि इस स्थिति में जाति समाप्त कैसे होगी ? इन सारे प्रक्रियाओं से यही बात सामने आती है कि जब आरक्षण की बदौलत या अपनी मेधा से इन वंचित वर्गों से लोग संपन्नों की सूची में आ जाते हैं तो ये अपने उस मूल वर्ग को भूल जाते हैं और अपने बेटे बेटियों की शादी उसी आर्थिक वर्ग के परिवार में करना चाहते हैं जो उनके समतुल्य हो । कभी भी अपने मूल समाज के किसी वंचित परिवार की बेटी को अपने घर की बहू बनाना नहीं चाहते। लेकिन उस हाल में भी आरक्षण की सुविधा त्याग नहीं करते

हैं।

प्रक्रिया बहुत गंभीर है सरकार और ज्ञानी न्यायालय को खुद आजतक पता नहीं है कि अगर किसी सवर्ण ने किसी आरक्षित कोटि के जाति की लड़की के साथ शादी कर लिया तो उत्पन्न संतान आरक्षण पाएगी या नहीं या किसी दलित वर्ग के लड़के ने सवर्ण की बेटी से शादी कर ली तो सन्तान को क्या मिलेगा?

वर्ण संकर संततियों की सामाजिक स्थिति क्या होगी इस पर बाबा साहेब का संविधान भी किंकर्तव्यविमूढ़ है।

परन्तु यदि हम अपने पौराणिक ग्रन्थों का अनुशीलन करें तो पायेंगे कि मनुस्मृति , पराशर संहिता और अग्नि पुराण में ऋषियों के माध्यम से अनुलोम प्रतिलोम विवाह की मान्यता द्वारा वर्णसंकरता से संततियों की मुक्ति का प्रावधान है। ययाति देवयानी (ब्राह्मण) / शर्मिष्ठा (दैत्य) की संतति क्षत्रिय हुई जबकि पितृकुल के आधार पर सत्यवती के पुत्र व्यास द्वैपायन द्विज परन्तु चित्रांगद और विचित्रवीर्य क्षत्रिय बने। वहीं सामाजिक मान्यता के अनुसार कश्यप की संतानें पूरे विश्व या सृष्टि में हैं। काश्यपं सकलम् जगत्।

कुछ स्वयंभू सनातन के ठेकेदार मुसलमान रहित भारत की कल्पना सजाए बैठे हैं परंतु उनके पास इसका कोई जवाब नहीं इस्लाम को छोड़कर आया हुआ वह व्यक्ति हिंदू समाज में

कहां फिट होगा। घर वापसी की बात तो है और घर में जगह नहीं है।

परंतु अहिंदू या असनातनी पुनः सनातनी बनाए नहीं जा सकते हैं ,ऐसा भी नहीं है । पुष्कर माहात्म्य में यह उल्लिखित है कि ब्रह्मा ने एक गोबर चुनने वाली लड़की को शुद्धीकरण के उपरांत गायत्री बना दिया और यज्ञ में उसे पत्नी का स्थान दिया । यह माहात्म्य सर्वविदित है और यहां पर उसकी विवेचना बहुत ज्यादा जरूरी नहीं है। अगर धर्म ग्रन्थों को देखा जाये तो इसका भी उपाय मिल सकता है।

मेरा मानना है कि सनातन धर्म के सर्वाधिक प्रसिद्ध ऋषि तुल्य व्यक्तित्व जैसे चार मठों के शंकराचार्य और अन्य बड़े तीर्थों के मठाधीश आदि एक साथ बैठकर अनुलोम और प्रतिलोम विवाह के लिए एक नियम बनाएं और उसे वैधानिक मान्यता भी दिलवाएँ। इससे समाज में वर्णसंकरता समाप्त हो दूसरी ओर हिंदू या सनातन धर्म से जाने अनजाने निष्कासित बिछड़े सनातन भाइयों को हिंदू बना कर उन्हें अपने मूल वर्ण में प्रवेश के लिए एक नियम निर्धारित किए जाएँ ।
ये भी हो सकता है कि इन वर्णसंकर और जातिच्युत लोगों को सनातन में लाकर पूर्व निर्धारित जातियों या वर्णों में कोई छेड़ छाड़ किये बिना एक पाँचवाँ वर्ण बना लिया जाये जो सनातन

तो रहे पर अपने विवाहादि प्रक्रिया इसी समूह में करे ताकि किसी भी स्थिति में किसी भी घर वापसी वाले विधर्मी भाई बंधुओं को जातिविहीनता दंश न सहना पड़े। ये बात गोवर्धन पीठ, पुरी के शंकराचार्य श्रीश्री १०८ श्री निश्चलानन्द सरस्वती जी ने एक सभा में कही है। समाज में स्थित रोजगार की पुरातन परंपरा को जाग्रत किया जाए ताकि समाज का हर व्यक्ति अपने जन्म के साथ ही एक आजीविका भी पाए। मनुवादी सोच और दलित विमर्श के नाम पर राजनीतिक जुगलबंदी ना चले। आरक्षण के बदले सहयोग की भावना समाज में आए जिससे कोई भी वंचित किसी भी प्रकार से वंचित ना रहे।

सर्वे भवंतु सुखिनः सर्वे संतु निरामयाः सर्वे भद्राणि पश्यंतु मा कश्चित् दुःख भाग् भवेत्।।

उपसंहार

ऋग्वेद के दसवें मण्डल में पुरुष सूक्त का होना दरअसल वर्ण व्यवस्था का प्रारंभिक सबूत माना जा सकता है जहाँ पर चारों वर्णों का स्पष्ट उल्लेख है वहीं दूसरी ओर श्रीमद्भगवद्गीता में श्री कृष्ण के द्वारा " चातुर्वण्र्यम् मया सृष्टम् गुण कर्म विभागशः", का उद्घोष गुण और कर्म के हिसाब से वर्ण विभाजन की पुष्टि करता है।

परंतु यहाँ तक कोई समस्या नहीं थी। इस वर्ण व्यवस्था में विप्लव का कालखंड आया आक्रांताओं के साथ ।आक्रांता आए , उन्होंने भारतीय सामाजिक संरचना का प्रोफेशनल सेटअप देखा और चूँकि उन्हें यही रहना था इसीलिए इस प्रोफेशनल सेटअप को तार-तार करने की कोशिश भी की । इस्लामी आक्रांता आए तो उन्होंने सब को फारसी पढ़ने और समझने की बाध्य किया क्योंकि संस्कृत का वर्चस्व तोड़ना था और वे सफल भी हुए । भारतीय गांव में एक कहावत है पढ़े फारसी बेचे तेल। परंतु भारतीय वर्ण व्यवस्था को वे भी नहीं तोड़ पाए। जब

अंग्रेज, फ्रेंच ,डच, पुर्तगाली आदि आए तो उन्होंने भी अपने अपने शासित क्षेत्रों में अपनी भाषा का प्रचार किया और अपने यहां की राजकीय सेवाओं में उस भाषा के जानने वाले को वरीयता दी ।   इससे यह बात जरूर हुई है कि जाति व्यवस्था में अनुसूचित रूप से पिछड़े तबके को थोड़ी उन्नति से जरूर मिली । यह बात और है कि इस समायोजित व्यवस्था से उन्नत हुआ पिछड़ा वर्ग खुद को खुद को मूल वर्ग में न मान कर उन्नत वर्ग में मानने लगा और अपनी शादी विवाह आदि सामान्यतः उसी समकक्ष समूह में करता रहा अर्थात आरक्षण के द्वारा दी गई अप्रत्याशित, सुनियोजित और असंवैधानिक बढ़ोतरी का आदेश अपने लक्ष्य से भटक गया।

आप नालंदा विश्वविद्यालय के ध्वंस की बात और अन्य ऐसे पौराणिक ग्रन्थों में उल्लिखित आक्रमण के विषय में भी सोचिए।

नालंदा पर हुए आक्रमण की बात सोचते हुए सिकंदर, दैत्य अरुण, कालयवन, रावण कंस जरासंध,चंगेज खान तैमूर लंग , अंग्रेज और अन्य यूरोपीय आक्रांताओं आदि के आक्रमण के बाद होने वाली सामाजिक , आर्थिक और बौद्धिक बैठकों के विषय में सोचें। इस आक्रमण के बाद गांव, जनपद और प्रान्तों में समाज के जागरूक लोगों की बैठकों की बात सोचें। क्या वे अपने समाज के ज्ञानी, हुनरमंद और धनी व्यक्तियों की कुशलता, धरोहर, योग्यता और हुनर को बचाने की सोच नहीं

रखते होंगे? जाहिर सी बात है कि समाज के इस धरोहर को सँजोने के लिए ये निर्णय लिया गया होगा कि आक्रांता आने के बाद हमारे शिक्षा केंद्रों को तोड़ रहे हैं इसीलिए अपनी इस पुरातन वर्ण व्यवस्था में जो लोग जिस जिस हुनर के महारथी हैं वे अपने अपने हुनर को सीखें , सिखायें और संरक्षित करें और अपनी जानकारी, ज्ञान और कौशल अपने परिवार जनों संबन्धियों और उसी कला को सीखने के इच्छुक और ज्ञात लोगों के बीच ऐसे सिखाएं ताकि यह हुनर जीवित रहे और आक्रांता इसे समाप्त ना कर सके। तो इस तरह से हुनरमंद , योग्य और विद्वान लोगों ने अपना अपना ज्ञान और कौशल अपने जान पहचान वाले और अति योग्य व्यक्तियों को ही सिखाना शुरू कर दिया होगा क्योंकि अगर किसी अन्य वर्ण के नए व्यक्तियों को सिखाने की कोशिश की जाती तो शायद पूरा का पूरा हुनर सिखाया नहीं जा सकता था वह चाहे पौरोहित्य हो, वेद पाठ हो ,युद्ध कौशल हो, शासकीय क्षमता हो या समाजोपयोगी काम हो जैसे बुनाई , ढलाई, भवन निर्माण कला , धातु निष्कर्षण, चिकित्सा , आयुध निर्माण, वैज्ञानिक आविष्कार आदि ज्ञान और कौशल समान धर्मी लोगों के साथ ही बांटा गया। इनमें वही लोग आते थे जो एक दूसरे को जानते थे और जिनके जन्म का मूल ज्ञात था तो इस प्रकार कर्मानुसार वर्ण व्यवस्था, जन्मानुसार जाति व्यवस्था में परिवर्तित हो गई होगी।

हर पुराण में ये उल्लिखित है कि प्रलय काल में मनु ने अपनी नाव पर सप्तर्षियों को और दुनिया के हर सजीव निर्जीव सामग्रियों के मूल के बीज को अपनी नाव में रखा ताकि प्रलय के बाद उन की सहायता से फिर दुनिया बसाई जा सके।

क्या बीज के रूप में अपनी-अपनी विधा के विद्वान लोगों तथा हुनरमंद लोगों को समेटना सहेजना और संरक्षित करना जैसी प्रक्रिया का संकेत आपको नहीं मिलता है?

इस्लाम में भी नूह की नाव का जिक्र है।

मेरा मानना है कि वर्ण व्यवस्था इसी कारण से जाति व्यवस्था में परिवर्तित हो गई।

अब एक प्रकार का हुनर और कौशल मात्र उसी जाति कुल और समूह के लोगों में बढ़ता चला गया और वे लोग कुशल होते गए हुए उसी काम को करते गए। इस प्रकार एक जातिगत प्रोफेशनल सेटअप बन गया। जब आप पुरुष सूक्त पढ़ेंगे तो उसमें एक ऐसे पुरुष की कल्पना की गई है जिसके हजारों मुंह हों, हजारों सिर हो हजारों हाथ और पैर हों तो क्या आपको यह एक समाज की कल्पना नहीं दिखती है जो पुरुष के रूप में परसोनिफाइड हो?

यह ऐसा पुरुष है जो पूरे विश्व को आवेष्टित करने के बाद भी दस अंगुल बच जाता है यानी समाज में चाहे कितने भी लोग आए पर आने वाले नये सदस्यों के स्वागत के लिए सदैव जगह बनी रहती है। भारतीय परंपरा में कभी नहीं कहा जाता

To be number one you have to be odd.

अर्थात श्रेष्ठता के लिये कटु या क्रूर होना अनिवार्य नहीं। किसी मानव शरीर में सिर हो या पैर कोई भी अंग श्रेष्ठ या निम्न नहीं माना जाता। विचार आवश्यक हो तो सिर / मस्तिष्क श्रेष्ठ है और चलना हो तो पैर।

जाति संगठन मनु भी स्वीकार करते हैं और मानते हैं कि अगर जन्म से जाति को ना माने तो लगभग १५ से २० साल तक के व्यक्ति को शैशव से लेकर यौवन काल तक अपनी पहचान के संकट से जूझना पड़ेगा क्योंकि ऐसे गुरु, ऋषि या उस्ताद कहां मिलेंगे जो आपको आपके आसपास प्रचलित ज्ञान की सीमा को लांघ कर किसी अन्य ज्ञान में पारंगत बना दें। परंतु जैसे ही आप अपनी जाति को अपना वर्ण मान लेते हैं तो कम से कम जन्म के साथ ही आपके पास आजीविका पहचान और उसके लिए पर्याप्त हुनर होता है।

भारत में जो भी आक्रांता आया है उनके पास कोई योग्य आजीविका का स्रोत नहीं था। वे या तो विश्व विजय की चाहत से आए या धर्म प्रचार के उद्देश्य से।

मुझे बहुत हंसी आती है जब धर्मांधता के कारण लड़ भिड़ कर बने हुए देश भारत के सनातनियों को सामाजिक समरसता और जातीय समन्वय का संदेश देते हैं। रावण हो ,जरासंध हो ,कंस हो, कालयवन हो, सिकंदर हो, तैमूर लंग हो ,चंगेज खान हो बाबर हो या रॉबर्ट क्लाइव किसी के साथ आए हुए लोग

अपनी जाति या कर्म की पहचान के साथ नहीं आए सब के सब एक अन्तर्विवाही कबीले थे। इन आक्रान्ताओं ने भारत की सामाजिक समरसता को छिन्न-भिन्न करते हुए सर्वप्रथम उस तबके को इस समरसता के सूत्र से तोड़ने का प्रयास किया जो शूद्र यानी सेवा कर्म करते थे और उन्हें तोड़ा। उन्हें यह बताया कि भारतीय जाति व्यवस्था के उच्च पदस्थ लोग जैसे ब्राह्मण और क्षत्रियों ने आपको इसी काम करने के लिए विवश किया। आपको एक नई शिक्षा प्राप्त कर सवर्णों के वर्चस्व को तोड़ना है।

फिर एक उड़ती हुई पतंग अपनी हीं डोर के वर्चस्व को चुनौती देने लगी और अन्ततः एक कटी पतंग हो गई।

प्राचीन भारतीय वर्ण व्यवस्था आक्रान्ताओं या आक्रमणकारियों की वज़ह से आज वर्णसंकर व्यवस्था में बदल गई है।

मैं एक बार फिर से पुरुष सूक्त की ओर लौटूँगा। अगर आप उस विराट पुरुष को समाज मान लें तो सारा मनुवाद समाप्त हो जाएगा । पुरुष सूक्त कहता है कि विराट पुरुष जिसके हजारों पैर, हजारों हाथ, हजारों सिर हैं और जो चल सकता है उसका मुख ब्राह्मण है या उसके मुंह से ब्राह्मण बना। आपको पता है कि जो समाज के मूर्धन्य चिंतक हैं वही समाज की पहचान होते हैं और उसे दिशा देते हैं और यही काम तो किसी पुरुष के

शरीर का मुख करता है। उस विराट पुरुष के दोनों बाजुओं से क्षत्रिय उत्पन्न हुए हैं । ये शौर्य वाले वे लोग हैं जो शस्त्र उठाकर शौर्य दिखाते हैं, अपनी मुद्रा अंकित करके या अपना हस्ताक्षर करके समाज को प्रशासकीय स्थिरता प्रदान करते हैं और उसकी संप्रभुता का संरक्षण करते हैं इसमें सैनिक , प्रशासनिक सेवा के अधिकारी , विदेश सेवा के अधिकारी आदि आ जाएंगे जिनका शौर्य समाज की संप्रभुता रक्षा के रूप में प्रकट होता है। इसके बाद की तीसरी कोटि है वैसे लोगों की जो उद्योग, व्यवसाय या कृषिकार्य करते हैं । ये समाज रूपी विराट पुरुष की जांघें हैं। पूरे शरीर के भार को उठाना अर्थात् समाज का भरण पोषण इसी वर्ण के सदस्यों की उद्यमिता, कृषि और निर्माण क्षमता के कारण संभव होता है। यह तीनों कोटियाँ द्विज कहलाती है। इन सब को अपनी स्थिति प्राप्त करने के लिए गुरु से विधिवत शिक्षा लेनी पड़ती है या परिवार से ही अगर ज्ञान मिल जाए तो ठीक है।

और अंत में उस विराट पुरुष समाज के पांव से शुद्र का निर्माण हुआ जो कर्मजीवी या श्रमजीवी है । यह वर्ण कार्य करता है। ऊपर की तीनों कोटि दरअसल चल नहीं सकती हैं। यह चौथा प्रकार हीं उस विराट पुरुष रूपी समाज को चलाता है। शूद्र के अतिरिक्त तीनों वर्ण किसी प्रकार का मानदेय नहीं पाते हैं या तो इन्हैं समाज पोषित करें या फिर यह मर जाएंगे।

और इन तीनों के नाश के साथ आज भारत की अपनी समाज

व्यवस्था सचमुच वेंटिलेटर पर चली गई है। जब भी आपको पैर से शूद्रों के उत्पन्न होने पर हीन भावना जगे तो आप पुरुष सूक्त की अगली ऋचा पढ़ें जिसमें कहा गया है कि पाँव से भूमि का निर्माण हुआ है यानी कर्म के द्वारा समाज की दिशा तय करने वाले शुद्र या श्रमजीवी हीं समाज के प्रगति की दिशा तय करते हैं। " पद्भ्यां शूद्रो अजायत" और "पद्भ्यां भूमिः दिशः श्रोत्रात्तथा लोकांऽकल्पयन् "।

कभी फिर पैरों से शूद्र की उत्पत्ति से आप व्यथित हों तो आपको बता दूँ कि ब्राह्मण, वैश्य या क्षत्रिय शब्द से किसी महान लेखक का नाम नहीं है पर शूद्रक नाम के एक महान लेखक ने मृच्छकटिकम् लिखा है। क्या उन्हें शूद्र शब्द से ग्लानि का अनुभव नहीं होता था?

अगर हम किसी भी प्रोफेशनल सेटअप या टेक्नीकल सेटअप को देखते हैं तो हमें हर छोटे से छोटे और बड़े से बड़े ऑफिस में सीईओ, एमडी , आर एम, प्रॉक्टर, बर्सर, एडमिनिस्ट्रेटर, सिक्योरिटी इन्चार्ज, अकाउंटेंट, कैशियर , क्लर्क और आदेशपाल सिक्योरिटी आदि अपने आप मिल जाएंगे। यानी पूरी वर्ण व्यवस्था... एक दम छूआ छूत से परिपूर्ण। जो भी व्यवस्था रोजगार देगी वहां यह चारों वर्ण स्वत स्फूर्त प्रकट हो जाते हैं। अब उस ऑफिस का चपरासी भले ही विद्वान हो पर उसे प्रमोट करके सीईओ बनाना किसी भी प्रकार संभव नहीं

होता। इस मार्ग में जो मूल प्रश्न आता है वह यही कि अगर उसे सीईओ बना देंगे तो चपरासी का काम कौन करेगा?

हमारे आदर्श भारतीय समाज में भी यही बात हो गई। कई सेवा प्रदाता जातियां जैसे स्वर्णकार, बढ़ाई लोहार बुनकर नाई आदि ने अपना पैतृक व्यवसाय छोड़कर अपने ज्ञान द्वारा नए व्यवसाय में अपने पैर टिकाए और उनके व्यवसाय पर असनातनियों ने कब्जा कर लिया क्योंकि स्थान तो रिक्त रहता नहीं।

नई व्यवस्था ने ऊपर के तीनों वर्ण समाप्त कर दिये और अपनी आधुनिक शिक्षा के दम पर सिर्फ़ शूद्र पैदा किये। वही शूद्र है जो सिर्फ पेट भरने के लिए आजीविका के रुप में श्रम करता है वह श्रम चाहे सामाजिक हो, मानसिक हो या दैहिक। जिले पर शासन करता हुआ कलेक्टर, किसी राज्य का आइ॰जी॰ , विद्यालय में पढ़ाता हुआ शिक्षक ,दरवाजे पर बंदूक ताने कोई सिक्योरिटी ऑफिसर, लेखा-जोखा देखता हुआ अकाउंटेंट या साहब लोगों को पानी पिलाता हुआ चपरासी यह सब के सब शुद्र हैं। जब भी कोई अपनी शारीरिक या मानसिक श्रम के लिए मानदेय या वेतन पाता है तो इस प्रकार मनुष्य को व्यवस्था में शूद्र कहा जाता है।

तो वर्ण व्यवस्था एक प्रवृत्ति है और जाति व्यवस्था वास्तविकता। इस बात को तथाकथित बुद्धिजीवी

सामान्यतया स्वीकार नहीं करेंगे ।

और जहाँ भी जाति का विवरण नहीं मिलता है उन देशों के नागरिक दरअसल एक कबीले के सदस्य थे जो दूसरे कबीले या सभ्यता से आये लोगों को अपना गुलाम बना कर बेचते थे तो उन जाति विहीन सभ्यताओं को जनजातीय सभ्यता मान लिया जाये। यहूदी, पारसी, ईसाइयत या इस्लाम आखिर एक कबीलाई संस्कृतियों के जीवाश्म हीं तो हैं जो एक दूसरे को या तो अपने जैसा बनाते हैं या खत्म कर देते है और ये काम आज भी क्रुसेड, धर्मयुद्ध या ज़ेहाद कहलाता है।

परन्तु सनातन संस्कृति में जातियाँ एक संविधानेतर न्याय व्यवस्था है, समरसता के साथ समाजोपयोगी आरक्षण है जिस से कोई चिढ़ता या निराश नहीं होता है और बिना साम्यवादी हस्तक्षेप के संगठित ट्रेड यूनियन है जो कभी भी व्यवस्था को ठप्प करने वाला हड़ताल नहीं करता है। इसमें सेवा प्रदाता मज़दूर और सेवा स्वीकार कर्ता उत्पीडक नहीं होता है। ये अन्तर्विवाही समूह होते हैं जहाँ एक विकलांग युवती का भी विवाह संभव और अनिवार्य है तथा जाति व्यवस्था में विवाह एक सामाजिक अवस्थिति है जिसमें विवाह विच्छेद की गुंजाइश नहीं होती और कई जातियों में विधवा विवाह का भी चलन राजा राम मोहन रॉय के जन्म से पहले से चलन में है। जातियाँ अपने समाज और कुल की स्त्रियों की अस्मिता के रक्षण का गारण्टी है। ये सामाजिक सुदृढता का परिचायक हीं है

कि इस्लाम समर्थकोंके समाज की स्त्रियों के साथ अब भी बलात्कार की घटनायें लगभग नगण्य हैं।

याद करें कि गीता के पहले अध्याय के आखिरी भाग में अर्जुन का प्रश्न हीं वर्ण संरक्षण से है। युद्ध के बाद विशाल संख्या में विधवा हुई कुलांगनाओं के पथ भ्रष्ट होने की चिन्ता हीं तो अर्जुन विषाद योग नाम के पहले अध्याय का मूल है। पथ भ्रष्ट कुलांगनाओं से उत्पन्न वर्णसंकर सन्तति के कारण चरमाराने वाली सामाजिक व्यवस्था ने हीं अर्जुन के गांडीव की प्रत्यंचा ढीली कर दी थी।

कितना अच्छा हो कि सनातन से सम्बद्ध सभी जातियाँ अपनी हिन्दू अस्मिता की रक्षा के लिये कर्म प्रधान वर्ण व्यवस्था में ढल जाये परन्तु जब तक ये संभव ना हो तब तक अपनी जातीय अस्मिता को अक्षुण्ण रखते हुए सनातन संस्कृति को समृद्ध करें।

जिस संविधान पर भारत के सभी बुद्धिजीवी भरोसा करते हैं और इसी के सहारे जाति विहीन समाज की स्थापना की कल्पना करते हैं उसकी सुरक्षा का दायित्व अगर किसी संस्था पर है तो वह है न्याय पालिका । उसी न्यायपालिका के एक मूर्धन्य न्यायाधीश का बयान था कि हिन्दू एक धर्म नहीं बल्कि एक जीवन दर्शन है और हाल हीं में एक और जज का बयान आया है कि धर्म बदलने से जाति नहीं बदलती है।

इसका अर्थ यह कि जाति अब एक मौलिक प्रवृति बन चुकी है।

तो क्या बुरा है अगर लेखक ये मान ले कि

" जाति हीं पूछो साधु की "।